4,-

Ernst E. Schmidt

Sackpfeifen in Schwaben

Ernst E. Schmidt

Sackpfeifen in Schwaben

Die Wiederentdeckung eines vergessenen Volksmusikinstruments.

Mit Beiträgen von Georg Balling, Fritz Schneider, Manfred Stingel.

Herausgegeben vom Schwäbischen Kulturarchiv des Schwäbischen Albvereins

anläßlich der Ausstellung "Der Dudelsack in Europa"
in der Zehntscheuer Balingen vom 18. Oktober bis 14. Dezember 1997.

Impressum:

Herausgegeben vom

Schwäbischen Kulturarchiv des Schwäbischen Albvereins.

Verlag des Schwäbischen Albvereins e.V. D-70174 Stuttgart

Erscheinungsjahr: 1997   © bei den Autoren

ISBN-Nr. 3-920801-42-3

Layout: Ernst E. Schmidt; für die Beiträge M. Stingel u. G. Balling: Manfred Stingel.

Druck: Druck- und Verlagshaus Hermann Daniel GmbH & Co. Kommanditgesellschaft

Titelbild: Martin Pfender, Die Meierschaft zu Laufen, Glasgemälde von 1553 im Ratssaal zu Rottweil. Detail aus dem Bauerntanz. Foto: Gerald Mager, Rottweil.

Gestaltung der Titelseite: Jürgen Bialleck, unter Verwendung einer Fotografie von Gerald Mager, Rottweil.

Entwurf: Ernst E. Schmidt

Inhalt:

Vorwort des Herausgebers   Seite   7

ERNST E. SCHMIDT

Sackpfeifen in Schwaben   Seite   9

FRITZ SCHNEIDER

Nachweis der Sackpfeife im Hohenloher Land   Seite   112

MANFRED STINGEL

Schäfer und Sackpfeifen   Seite   115

GEORG BALLING

Sackpfeifen im Schwäbischen Albverein   Seite   121

Fayencekachel, 1552 datiert, wohl vom Schweizer Bodenseeufer stammend. Der Hafner wird in Winterthur oder Villingen / Schwarzwald vermutet. 23.5 x 19 x 2.5 cm. Kaiserslautern, Pfalzgalerie, Inv. Nr. K 457. Der Spruch: *"Die sackpfyf schön Macht sies gethön"* ist ein Zitat aus dem Lied: *"Nur nerrisch sein ist mein monir"*, das seit Anfang des 16. Jh. bekannt und beliebt war. Foto: Pfalzgalerie Kaiserslautern.

Vorwort

Über 400 Jahre lang war die Sackpfeife bei uns ein weit verbreitetes Musikinstrument.
Ob Bürger, Fürst, Bauer oder Knecht, zur Sackpfeife, auch Dudelsack genannt, wurde getanzt und gesungen.
Der Inhalt dieses Buches zeigt, daß auch wir in Schwaben eine schöne Dudelsack-Musiktradition haben.

"Die sackpfyf schön Macht sies gethön", steht auf nebenstehend abgebildeter Ofenkachel vom Bodensee.

Warum "thönt" die Sackpfeife heute nicht mehr oder fast nicht mehr? Es gibt sicher viele Ursachen.
Das um die Mitte des letzten Jahrhunderts aufkommende Akkordeon und auch die Mundharmonika, die wesentlich einfacher zu handhaben und zu spielen sind, haben die Sackpfeife verdrängt und wohl das Aussterben herbeigeführt oder zumindest beschleunigt.
Da der Dudelsack ein typisches Tanzinstrument ist bzw. war, wurden das Instrument und seine Spieler von der Kirche oft mit Sünde, Tod und Verderbnis in Verbindung gebracht.
Wo bleibt die Musikpflege?
Klassik und militärische Blechmusik wurden und werden sehr gepflegt bei uns.
Die überlieferte traditionelle Tanzmusik aus unserer Region wird staatlicherseits nicht sehr gefördert. Wir dürfen unserer Jugend und auch den Erwachsenen die hier in Jahrhunderten gewachsene "schwäbische" Kultur nicht vorenthalten.
Es spricht vieles dafür, daß man als Schwabe (und Alemanne) die hier in Jahrhunderten entstandene Musik- Gesangs- und Tanzkultur pflegt.
Wer sich bei uns mit überlieferten traditionellen Tänzen und Liedern seiner Vorfahren beschäftigt, kommt zwangsläufig mit der Sackpfeife in Berührung.
Ich habe 1985 durch den hervorragenden Instrumentenbauer Helmut Moßmann die Sackpfeife kennen und lieben gelernt.
Daraus resultierte nach einiger Zeit die Erkenntnis, daß man etwas für dieses Instrument und die damit verbundene Kultur tun muß.
Seit einigen Jahren bieten wir deshalb im Schwäbischen Albverein, durchaus mit Erfolg, Spielkurse für Dudelsack an. Dazu braucht man gute Referenten.
Helmut Moßmann brachte neben seinem Sohn Thomas auch seine Freunde Herbert Grünwald und Georg Balling mit nach Balingen-Dürrwangen ins Haus der Volkskunst. Beide sind phantastische Instrumentenkenner und Sammler. Herbert Grünwald und Georg Balling haben die Ausstellung "Der Dudelsack in Europa" zusammengetragen.
Der Bayerische Landesverein für Heimatpflege hat dazu das hervorragende Buch "Der Dudelsack in Europa – mit besonderer Berücksichtigung Bayerns" herausgebracht.

"Mit besonderer Berücksichtigung Bayerns" – das ärgert das Schwabenherz natürlich ein bißchen.
Als wir uns geeinigt hatten, die schöne Ausstellung nach Balingen zu holen, wollte ich, als "besondere Berücksichtigung Schwabens", dem bayrischen Buch eine schwäbische DIN A4 Dudelsackseite beilegen. Ich fing an, nach Quellen und Bildern zu suchen. Einige Freunde suchten mit und wir wurden sofort fündig.
Neben Dudelsackabbildungen fanden wir den Dudelsackforscher Ernst E. Schmidt, der in Freudenstadt geboren ist, aber heute in Köln lebt.
Er hat phantastisches Quellenmaterial und ist sofort mit der ihm gegebenen Gründlichkeit ans Werk gegangen.
Viele Freunde haben mitgeholfen. So wurde aus einer geplanten DIN A 4 Seite ein Buch.
Der Titel "Sackpfeifen in Schwaben" bot sich an.
Wir bitten jedoch um Nachsicht, daß wir großzügig mit dem geographischen bzw. stammesgeschichtlichen Begriff "Schwaben" umgegangen sind. Kultur hält sich nicht an Grenzen. So sind auch Beispiele aus den angrenzenden Gebieten, Baden, der Schweiz, bayrisch Schwaben und dem Elsaß mit einbezogen.
Herzlichen Dank möchte ich Ernst E. Schmidt sagen, dem Kopf der Sache, der die Hauptarbeit geleistet hat.
Ebenso Helmut Moßmann und allen Freunden die geholfen haben. Herbert Grünwald für die Bereitschaft die Ausstellung nach Balingen zu bringen.
Georg Balling für seine Mitarbeit und seine wertvollen Anregungen und für das sehr arbeitsintensive Notenschreiben für das Notenheft "Die Sackpfyf schön Macht siss gethön" – *43 Volkstänze und Schäfermelodien aus Schwaben,* das gleichzeitig erscheint.
Der Schwäbische Albverein und sein kulturfreundlicher Präsident Stoll haben die finanzielle Haftung des ehrgeizigen Projektes des Schwäbischen Kulturarchives übernommen. Natürlich wollen wir ihm und auch der Stiftung der Württembergischen Hypothekenbank für Wissenschaft und Kunst herzlich danken, auch dem Land Baden-Württemberg, nicht zu vergessen die Stadt Balingen, Herrn Oberbürgermeister Dr. Merkel und dem Stadtarchivar Schimpf-Reinhardt für die gute Zusammenarbeit und finanzielle Hilfe. Allen ein ganz herzliches Dankeschön.
Natürlich auch allen ungenannten Freunden, Gönnern und Helfern.

Mai 1997   Manfred Stingel

Tibor Ehlers zum 80. Geburtstag

verbunden

mit einem herzlichen Dankeschön

an meine langjährigen Sackpfeiferfreunde

Georg Balling, Herbert Grünwald, Helmut Moßmann und Wolfgang Pötter,

sowie an meine Sammlerfreunde Dr. Fritz Schneider und das Ehepaar Rolf und Uta Henning.

Danksagung

Sackpfeifen in Schwaben - dieses Buch von Köln aus zu schreiben, wäre mir trotz meines eigenen umfangreichen Archivs nicht möglich gewesen ohne tatkräftige Hilfe aus dem "Ländle". Von verschiedensten Seiten erhielt ich Hinweise; eine Reihe davon war mir bisher unbekannt. Leider waren nicht alle Hinweise präzise, so daß umfangreiche Recherchen notwendig waren. Vieles mußte danach wieder ausgesondert werden. Trotzdem bin ich dankbar für diese Hilfsbereitschaft und das spontane Engagement für dieses Projekt. Soweit mir Helfer und Helferinnen namentlich bekannt wurden, sind sie in den Anmerkungen genannt. Den mir unbekannt Gebliebenen daher hier ein herzliches Dankeschön! Mein Dank gilt ebenso allen beteiligten Mitarbeitern und Mitarbeiterinnen der angeschriebenen Museen, Bibliotheken, Archive und Privatsammlungen. Namentlich nennen möchte ich an dieser Stelle diejenigen, die mir uneigennützig ihre eigenen Forschungen zu Sackpfeifen in Schwaben und Baden zur Verfügung stellten oder für mich Fotoexkursionen in entlegene Gebiete unternahmen: Herr Wolfram Benz, Eglofs; Herr Berthold Büchele, Ratzenried; Tibor Ehlers, Betzweiler-Wälde; Herr Norbert Geßler, Empfingen-Dommelsberg; Helmut Moßmann, Schuttertal; Norbert und Maria Pabst, Wollbach; Herr Hartmut Steger, Wallerstein; Dr. Fritz Schneider, Krefeld, und Rolf und Uta Henning, Ludwigsburg, deren Bildarchive wertvolle Ergänzungen lieferten. Insbesondere aber danke ich Manfred Stingel, dessen große Begeisterung und Einsatz für die schwäbische Kultur, insbesondere in den Bereichen Volkstanz und Volksmusik, letztlich Anfang und Ursache dieses Buches waren. Ihm verdanke ich diesen hochinteressanten Auftrag, und auch ihm verdanke ich Bildquellen und Zitate. Nicht zuletzt möchte ich den Setzern, Reprografen, Druckern sowie dem Buchbinder für die sorgfältige und schöne Arbeit Dank sagen. Mir bleibt nun, zu hoffen, daß alle an diesem Projekt Beteiligten mit meiner Arbeit zufrieden sind.

Ernst Eugen Schmidt

Köln, Juli 1997

Abbildung 1

David Brentel: Tanzende Bauern unter der Linde. 1588 datiert. Miniatur im Stammbuch des Anton Weihenmayer, Bürgermeister von Lauingen / Donau (1563 Lauingen – 1633 Ulm), mit persönlichem Eintrag Brentels: *"Das hab ich Dauid Brentell, Mahler, hier Ein gemalt vnd geschriben Meinem gutten geselen vnd freind Anttony Weyenmayr dar bey Meiner zum Besten zu gedenckhen."* Blattgröße 14 x 9,5 cm. Nürnberg, Germanisches Nationalmuseum, Hs. 123725. Foto: Germanisches Nationalmuseum.

Sackpfeifen in Schwaben

Ernst E. Schmidt

"Die Sackpfeif und Schalmey, mit ihrem hellem Spihl,
(Gefallend wunderlich der jugent jungem willen)
Wie diese mit geschrey und jauchtzen übervil
Und lauttem widerhal die lüft und ohren fillen..."

Georg Rodolf Weckherlin 1648
Die vierte Eclog von der Herbstzeit.

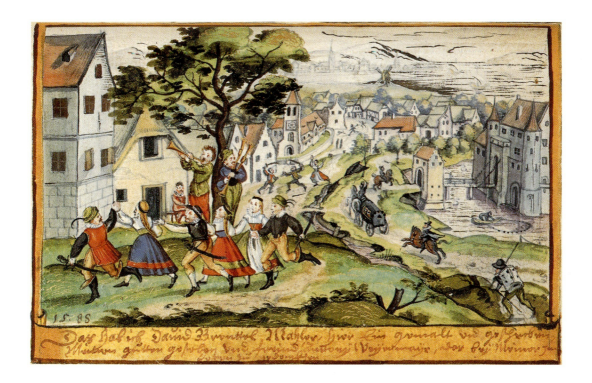

Einleitung

Dudelsäcke – wer dächte da nicht gleich an Schottland? Klischeevorstellungen sind zählebig. Doch *Sackpfeifen*, so die präzisere Bezeichnung, waren in unterschiedlichster Bauart einst in ganz Europa verbreitet und werden in vielen Regionen noch heute gespielt. Aber Sackpfeifen in Schwaben? Daß Sackpfeifen Jahrhunderte hindurch auch typische Volksmusikinstrumente Schwabens waren, ist in Vergessenheit geraten. Diese eigene schwäbische Sackpfeifentradition gilt es wiederzuentdecken.

Die letzten Sackpfeifer Schwabens spielten vermutlich in den zwanziger Jahren dieses Jahrhunderts auf der Schwäbischen Alb. Mit ihrem Tod endete eine über 500 Jahre währende Tradition. Doch in diesen Jahrhunderten sind Sackpfeifen in Malerei, Graphik, Kunstgewerbe, Musik und Literatur unzählige Male dargestellt worden. Museen, Bibliotheken, Archive und Privatsammlungen bergen eine Fülle noch ungehobener Schätze. Trotz aller Kriegsverluste, Bilderstürmereien und gedankenlosen Zerstörungen sind auch heute noch genügend Quellen vorhanden, anhand derer wir uns ein Bild machen können von einer eigenen schwäbischen Sackpfeifentradition, von der einstigen Beliebtheit und weiten Verbreitung dieses Musikinstrumentes hierzulande. Einer Wiederaufnahme des Sackpfeifenspiels steht heute nichts im Wege. Die Kenntnis dieser alten Sackpfeifentradition wäre dabei eine solide Grundlage, wäre hilfreich und sinnvoll. Zu dieser Kenntnis möchte dieses Buch beitragen.

Aus gut 500 Jahren Kulturgeschichte sind hier zahlreiche Bild- und Textbelege zu Sackpfeifen zusammengetragen, und nicht nur aus "Schwaben". Es sind auch Beispiele aus dem "Weichbild" Schwabens dabei, aus im weitesten Sinn der Kulturregion "Alemannia". Sie

zeigen, wie sehr eingebettet Schwaben in eine großräumige Sackpfeifenkultur war.

Frühe Kunstzentren Schwabens waren Ulm, Memmingen, Nördlingen und Augsburg. Gerade letzteres entwickelte sich im 17. und 18. Jh. zur führenden Kunstmetropole. Verschiedene der hier gezeigten Bildquellen entstammen Augsburger Produktion oder sind aus der Umgebung Nördlingens. Sie können nicht einfach übergangen werden, bloß weil dieser Teil Schwabens politisch seit langem zu Bayern gehört. Politische Grenzen sind nur zu oft willkürlich.

Bei den Textquellen handelt es sich im Wesentlichen um eine Zusammenfassung bereits erschlossener, jedoch über zahlreiche Publikationen verstreuter Quellen wie z.B. die Nachweise aus dem Schwäbischen Wörterbuch von Hermann Fischer.

Bei den Abbildungen mußten gelegentlich Kompromisse eingegangen werden, auch aufnahmetechnischer Art. Sackpfeiferdarstellungen sind auf vielen Kunstwerken lediglich Randfiguren und relativ klein. Sie wären auf einer Gesamtwiedergabe des Kunstwerks kaum zu erkennen gewesen. In diesem Buch geht es jedoch vorrangig um Sackpfeifen. Im Interesse einer guten Wiedergabe der Instrumente wurden daher häufig Detailausschnitte gewählt. Kunstbeflissene mögen dafür bitte Verständnis aufbringen.

Nicht alle bekannten Quellen konnten hier aufgeführt werden. So wurden ihrer besonderen Problematik wegen die vielen Weihnachtskrippen mit sackpfeifenden Hirten ausgeklammert. Auf Vollständigkeit kann hier ohnehin kein Anspruch erhoben werden. Bilder enthalten eine Fülle von Informationen. Richtig verstanden, sagen sie oft mehr als die sprichwörtlichen tausend Worte. Bei über hundert Abbildungen können somit in einem Rahmen wie diesem weder die jeweilige kunstgeschichtliche Problematik der Bildwerke, noch deren kulturhistorischer Hintergrund, noch die ablesbaren volkskundlichen Informationen ausführlich dargestellt werden. Gleiches gilt für die Schriftquellen. Über 500 Jahre Kulturgeschichte der Sackpfeife in Schwaben können nicht auf diesen wenigen Seiten erschöpfend abgehandelt werden, und dies war auch nicht beabsichtigt. Dennoch dürften die hier zusammengetragenen Quellen sowohl denjenigen, die sich einen ersten Überblick verschaffen wollen, als auch denjenigen, die ihr Wissen vertiefen möchten, gute Dienste leisten. Entlegene heimatkundliche Publikationen mögen noch weiteres hochinteressantes Material enthalten, kleinere Museen manches unbekannte interessante Stück besitzen – und so mag dieses Buch auch einen Anstoß zu weiteren Forschungen geben.

Die Beiträge von F. Schneider und M. Stingel runden das historische Bild ab. Ergänzend dazu stellt G. Balling die heute bei den Kursen des Schwäbischen Albvereins verwendeten Sackpfeifen vor.

Wer die Quellen genau betrachtet, wird bemerken, daß es *die* schwäbische Sackpfeife nicht gab. Es gab *Sackpfeifen in Schwaben*, in verschiedenen Ausführungen eines über einen langen Zeitraum weitverbreiteten Grundbaumusters. Zeitweilig gab es Weiterentwicklungen, und es lassen sich sowohl charakteristische Gestaltungsmerkmale für eine bestimmte Region feststellen, als auch fremde Sackpfeifentypen, die in gewissem Umfang übernommen wurden.

Wer heute hierzulande das Spiel auf der Sackpfeife erlernen möchte, kann daher auf eine sehr alte und reiche einheimische Tradition zurückgreifen. Ob er oder sie dieser Tradition verpflichtet bleibt, oder aus ihr schöpft und Neues schafft, bleibe jedem bzw. jeder selbst überlassen.

Wo wurde Sackpfeife gespielt?

Schrift- und Bildquellen belegen, daß Sackpfeifen in Schwaben bis weit in das 18. Jahrhundert hinein ein verbreitetes Volksmusikinstrument waren. Traditionell wurden sie zusammen mit einer Schalmei oder einem Pommer[a] gespielt, und dieses Ensemble stellte neben dem Gesang lange Zeit die hauptsächliche Musik auf den Dörfern dar. Sackpfeifen wurden aber auch zusammen mit einer Geige oder gelegentlich einer Drehleier gespielt, oft genug aber auch allein, und dann wurden vermutlich Tanzlieder dazu gesungen, wie es uns der Nürnberger Hans Sachs in seinen Schwänken mehrfach überliefert hat: *"Die Magd in die Sackpfeiffen sungen"*. Bauernmusikanten spielten Sackpfeifen bei Festen des Landvolks, Schäfer spielten sie in entlegener Einsamkeit zum Zeitvertreib bei ihren Schafen und bei ihren Schäferläufen. Bei der Arbeit auf dem Felde oder im Weinberg erklangen sie, in Rockenstuben und bei Abendtänzen unter der Dorflinde waren sie zu hören. Bauern, Bürger und Bettler spielten sie. Sackpfeifen waren Volksmusikinstrumente im wahrsten Sinne des Wortes.

Aber auch an den Adelshöfen wurden sie gespielt, von eigens dazu angestellten Sackpfeifern und auch von

Abbildung 2

Hans Multscher, tätig in Ulm 1427 – 1467: Geburt Christi. Tafel aus dem nach seinem letzten Aufbewahrungsort so genannten "Wurzacher Altar". Signiert und datiert 1437. Detail: Verkündigung an die Hirten. Aufnahme nach der kürzlich erfolgten Restaurierung. Berlin, Staatliche Museen zu Berlin, Preußischer Kulturbesitz, Gemäldegalerie. Foto: Gerald Schultz.

---

[a] Pommern, auch Bomharte genannt, sind die tiefklingenden Instrumente der Schalmeienfamilie.

Hofnarren. Dort waren sie bei festlichen Anlässen, geselligen Unterhaltungen, bei den Aufzügen und Ritterspielen anläßlich der großen Fürstenhochzeiten zu hören. Diese alten Sackpfeifen und Schalmeien, *"mit ihrem hellen Spiel"* sind in Schwaben verstummt und in Vergessenheit geraten. Die Sackpfeifen, die heutzutage beim Schäferlauf in Markgröningen traditionsgemäß zu hören sind, sind aus Schottland importierte Instrumente – Notbehelf, zeitgemäße Weiterentwicklung, oder Ignoranz gegenüber der eigenen Kultur? Genügend Abbildungen zeigen, daß schwäbische Sackpfeifen anders aussahen und daher wohl auch anders geklungen haben dürften.

Hirten und Bauern

Die Sackpfeife gilt traditionell als ein Musikinstrument der Hirten. *"Schaforgel"* und *"Schäferpfeife"* nennt Michael Praetorius 1619 die Sackpfeife bezeichnenderweise. Der Weihnachtsgeschichte zufolge waren Hirten auf dem Felde die ersten, die die frohe Botschaft empfingen und zur Krippe eilten, und so sind sie mit ihren typischen Attributen Schäferschippe und Sackpfeife nahezu auf jeder Darstellung der Geburt Christi zu sehen. Sackpfeifen müssen so typisch für Schäfer gewesen sein, daß es auf diesen Christgeburtsbildern oft ausreichte, eine Person im Hintergrund mit einer Sackpfeife darzustellen, um sie als Schäfer oder Hirten zu charakterisieren. Kunst ist im ausgehenden Mittelalter fast ausschließlich religiöse Kunst, und so sind auch die Verkündigung an die Hirten und die Anbetung des Kindes durch die Hirten auf zahllosen Altartafeln immer wieder dargestellt worden, oft sogar zusammengefaßt auf einem Bild. Hirten und Schäfer sind daher in den älteren Bildquellen überrepräsentiert, was Darstellungen von Sackpfeifern anbetrifft.

Auch in einer Darstellung des Heiligen St. Wendelin, des Schutzpatrons der Hirten und Herden, ist zur Verdeutlichung seines Patronats im Hintergrund ein Hirte mit Sackpfeife bei seinen Schafen zu sehen, wie auch eine Rinderherde. Natürlich sind auf allen diesen Gemälden keine Hirten aus dem Heiligen Land, sondern einheimische Hirten dargestellt, mit ihrer Kleidung, ihren Gerätschaften und Musikinstrumenten der jeweiligen Epoche, und diese Kunstwerke sind darum zugleich auch wertvolle volkskundliche Quellen. Sackpfeifen aus jenen Zeiten sind nicht erhalten geblieben; die Kunstwerke jedoch dokumentieren anschaulich über die Jahre hinweg das jeweilige Aussehen der Sackpfeife und geben damit auch Anhaltspunkte zu deren Entwicklungsgeschichte. So bestand den Bildquellen zufolge die Sackpfeife bis gegen Ende des 15. Jahrhunderts aus einer Schalmei als Melodiepfeife, dem Luftsack mit Einblasrohr, und einer Begleitpfeife, der sogenannten Bordunpfeife, auch Brummer oder Stimmer genannt, die fortwährend den Grundton erklingen ließ. Ende des 15. Jhdts. kam eine zweite Bordunpfeife hinzu, die entweder gleichlang und gleichklingend, oder aber deutlich kürzer war und dann vermutlich die Quinte zum Grundton erklingen ließ. Bis zu ihrem Niedergang blieb die Sackpfeife nun in ihrem Grundbaumuster nahezu unverändert. In den Bildquellen erscheinen die Sackpfeifen im gesamten deutschen Sprachgebiet von bemerkenswert einheitlichem Äußeren, und dies kann nur zu einem geringen Teil darauf zurückgeführt werden, daß die Künstler häufig von Vorlagen Gebrauch machten, die nicht unbedingt aus der gleichen Region stammen mußten. Sackpfeifen, die zusammen mit einer Geige oder einer Drehleier gespielt wurden, haben natürlich nicht so laut geklungen wie solche, die zur Schalmei gespielt wurden. Sie waren entsprechend anders gebaut, mit engeren Bohrungen der Pfeifen. Eine ganze Reihe von Bildern liefert auch Details zur Bautechnik der Sackpfeifen, wie etwa die Befestigung der Bordunpfeifen am Luftsack oder zu Umstimmöglichkeiten.

Seit der Mitte des 15. Jahrhunderts wandten sich die Künstler auch weltlichen Themen zu. Eines dieser Themen war die sogenannte Bauernsatire.[1] Holzschnitte, Kupferstiche, Gemälde dieses Genres zeigen Tänze und Feste der bäuerlichen Bevölkerung, die als tölpisch, roh und ungesittet galt. Alle vermeintlichen Unsitten der Bauern sind hier gleichzeitig und übertrieben dargestellt, als moralisierendes Exempel, welche Sünden aus dem Laster der Trunkenheit resultieren: Raufhändel, Unkeuschheit, Entehrung. Sackpfeifer und Schalmeispieler, die typischen Bauernmusikanten, sind auf solchen Arbeiten entsprechend häufig abgebildet. Bis ins 18. Jhdt. hinein waren Drucke mit solchen Bauerntanzdarstellungen sehr beliebt und wurden immer wieder neu verlegt, im jeweils zeitgenössischen Gewande. Sie dienten unter anderem auch als Vorlagen für zahllose kunstgewerbliche Arbeiten. Bauerntanzdarstellungen und damit fast immer auch Darstellungen von Sackpfeifern finden sich in Randszenen auf Glasgemälden wie den sogenannten Kabinetts- oder Wappenscheiben, auf Stammbuchminiaturen oder in Buch- und Handschriftenillustrationen, auf Gebäckmodeln, Krügen, bemalten Tellern und zahlreichen weiteren Gebrauchsgegenständen. Sackpfeifen sind selbst in der Bauplastik, als Gebäudeschmuck zu finden.

Abbildung 3

Friedrich Walther (Nördlingen ca. 1430 – 1494/95 Konstanz): Der hl. Wendelin, 1467. Rechter Flügel eines ursprünglich in der Nördlinger Salvatorkirche aufgehängten Votivs der Familie Straus. Detail: Schafhirt mit Sackpfeife. Als Schutzpatron der Hirten und Herden wird der hl. Wendelin besonders im fränkisch-schwäbischen Raum verehrt. Bernisches Historisches Museum, Bern. Foto: S. Rebsamen

Alleinunterhalter: Der Hofnarr

Ein seltsames Amt gab es im Mittelalter und in der frühen Neuzeit: Das Amt des Hofnarren. Hofnarren hatten u. a. für Kurzweil, Spaß und Unterhaltung zu sorgen. Dazu benutzten sie die Sackpfeife, und dieses Instrument war gewissermaßen – neben dem Narrenkolben – eine Art Standesabzeichen. Möglicherweise spielten hierbei antike Überlieferungen vom König Midas mit den Eselsohren, dem Vorbild der Narrenkappe, eine Rolle. Die Sackpfeife gehörte beinahe ebenso zum Narren wie zum Hirten. *"Ein Sackpfeiff ist des Narren Spiel"* heißt es von daher mehrdeutig 1494 im "Narrenschiff" Sebastian Brants.[2] Darstellungen von Sackpfeife spielenden Narren sind häufig, und mancherorts auch in Kirchen zu sehen, so als Schnitzerei auf einer Misericordie im Chorgestühl des Münsters zu Konstanz, etwa 1470 entstanden[3]. Narren waren auch bei der Bestrafung von Übeltätern zugegen, um sie mit Spott und Schande zu überhäufen. Im Chor der Martinskirche zu Stuttgart-Plieningen, um 1495 entstanden, warnt ein Sackpfeifennarr die Betrachter und Betrachterinnen auf seinem Spruchband: *"Wer Gott und die Wappen* (der weltlichen Herrschaft) *recht (an)erkennt, der wird nicht geschändt"* Der Sackpfeifennarr im Rottweiler Münster, etwa zur gleichen Zeit entstanden, ist dagegen wohl als Hinweis auf die Vergänglichkeit, auf die Narrheit alles weltlichen Treibens zu verstehen.

Von einem Narren, der eines herben kalten Winters um seine Sackpfeifen besorgt war, berichtet die Zimmerische Chronik.[4] Im Herbst 1518 *"...fieng der groß sterbendt an zu Mösskirch, am Bodensee, am Schwarzwaldt und vast in allen oberlanden...."* Eine Seuche suchte Oberschwaben heim. Herr Johann Wernher von Zimmern hatte sich in dieser Not *"zu denen von Clingenberg uf Twiel"* geflüchtet, wie dies auch sonst etliche, und nicht wenige vom Adel getan hatten. Dort harrte er bis zum Ende des Landsterbens aus. Seine hochschwangere Gemahlin und seinen jungen Sohn Johann Christof hatte er sicherheitshalber zu ihrem Stiefvater Philip Echter nach Schloß Mespelbronn in den Spessart geschickt. Wie im 16. Jahrhundert allgemein üblich, hatte auch dieser Philip Echter etliche Narren in seinem Hofgesinde.[5] Dazu heißt es in der Chronik:

"Noch het der Philips Echter dieser abentheurer zwen, nemlich ain hieß man nur das alt bruedergew, und sonst ain, hieß der Bestle (...). Was seltzamer hendel diese zwen narren getriben, da wer vil von zu sagen. Under anderm kan ich zwaier nit verschweigen. Man het der baider narren guet achtung, und warden wol gehalten. Sie hetten ain guete, newe fuchsbelzdeckin ob irem bet, dann es dozumal gar ein herber, kalter winter war. Nun het das alt Bruederge etliche sackpfeifen, die im waren geschenkt worden, und dieweil er gehört, das etlich kinder und andere leut selbigs winters kurzlich darfor erfroren, do besorgt er, es wurde seinem sack und pfeifen nit bösser (besser) *ergeen, und wurden die groß keltin auch nit erleiden kunden. Solchem zu furkommen, zerschnit er die guet, new belzdeckin in vil stuck, mit denen umbbandt er seine pfeifen, damit sie nit erfruren. nun kamen selbigs tags ungeferdt etlich vom adel geen Mespelbron, wie dann ain groß zu- und abreiten täglichs alda, denen sollt der narr mit der sackpfeifen ein kurzweil machen. Er bracht sein liebste pfeif außer der cammer, die wardt mit zwiefachem belzwerk von fuchsen wol ingebunden. Sich verwundert menigclich* (mancher)*, waher den sackpfeifen die fuchsbelz kommen. Aber wie baldt man in der narren cammer gieng, befandt sich gleich der schadt. Die grefin, so den dorechten leuten, beiden geuchen zu guetem die belzdecke zu geben bevolchen, war der sach übel zu friden und schalt das alt Bruederge darum. Der narr ließ sich ufbringen, gab böse wort und sagt: "Das dich botz* (der Teufel) *hin und der schende als hoppensacks! was treibstu mit deiner lausigen belzdeckin? wenstu,* (willst du) *das ich von deren wegen meine herzlieben sackpfeifen diesen herben winter sollt erfrieren lassen?" Die edelleut und menigclich muesten des narren lachen."*

Nicht auszuschließen ist, daß der Narr hier unter Erfolgszwang handelte, sollte er doch den Adligen eine Kurzweil machen... Der andere Streich des alt Bruederge, nämlich, ein noch nicht zugerittenes junges Roß mittels Sporen vom Fleck bewegen zu wollen – er hatte sich daraufgesetzt und wollte doch auch ein 'Reisiger', ein Ritter sein - endete für ihn mit einem Fiasko: *"der Narr lag in der hecken, als ob er darein were geschmidet..."*

Aus Schwaben stammte wohl auch der berühmte Hofnarr (*'buffone'*) des Kardinals Bernard von Cles (Bernardo Clesio) zu Trient. Bekannt war er unter dem Namen Ser Paolo, oder Paolo *Alemanno*, und sein Grabstein – er starb 1535 – in der Kirche S. Maria Maddalena trug den Namen *"Paul von Aslingen Unerdorbin"*. Seinen Herkunftsort Aslingen identifizieren italienische Forscher mit dem schwäbischen Esslingen. Hier kämen für die damalige Zeit nun mehrere Orte mit dem Namen Esslingen infrage. Aber auch Eislingen und Aislingen könnten die ursprüngliche Heimat dieses Alemannen gewesen sein, der in der Fremde mit der Sackpfeife sein

Abbildung 4

Unbekannter Meister. Schwaben, letztes Viertel 15. Jh.: Narr mit Sackpfeife, Rutenbündel (?) und Schriftrolle: *"Wer got vnd die wapen recht er kent der wirt nit geschent"* – Wer Gott und die Wappen recht erkennt, der wird nicht geschändt. Konsolfigur im Chor der evangelischen Martinskirche in Stuttgart-Plieningen, vor 1495 entstanden. Foto: Ariane Reimann-Allmendinger, Fotoatelier Ariane, Stuttgart-Plieningen.

15

Nach dem entbüt vnser her der kung die churfursten vnd hrrn geistlich
vnd weltlich mit dem Marggrafen an die Cardinal die essent mit
mé und begabet der marggraf den Cantzler pfeffer vnd die thor
huter des Kaisers etlich das mé von in clagt

Solich ordnung hielten all fursten vnd hrrn so sy lehen enpfienger
die dann hie nach geschriben vnd gemalt stond vnd enpfahent
all hrrn von bayrn die pfallentz vnd ist doch nie amer vnder
in allen ain churfurst der die pfallentz inn hat

Am zinstag zu mittem mayen do enpfieng herzog ludwig von
bayern pfaltzgraff by rin sin lehen ouch an dem marckt zu glicher
wyß wie vorstat

Belehnung des Herzogs
Ludwig von Bayern,
Pfalzgraf bei Rhein.

Glück machte. Ein Gedenkstein von Alessio Longhi und auch ein Fresko von Gerolamo Romanino im Castel Buonconsiglio zu Trient zeigen diesen Paul Unverdorben von Aslingen mit seiner Sackpfeife und geben Kunde davon, wie beliebt er bei Lebzeiten gewesen sein muß.[6]

Sackpfeifer an Adelshöfen und in der Stadt

Bei Hofe spielten jedoch nicht nur Hofnarren Sackpfeife, sondern auch fest besoldete Sackpfeifer. Wie sehr die Sackpfeife beim Adel akzeptiert war, läßt sich schon an der Nachricht ablesen, daß sich der Hof der Grafen von Württemberg 1483 durch das Spiel dreier Sackpfeifer des Herzogs Ernst von Baiern ergötzen ließ, und 1486 wieder durch einige Sackpfeifer des Herzogs Georg von Baiern.[7] Im Rechnungsbuch der Stadt Nördlingen von 1478 wird ein Sackpfeifer *"schabensekel von onspach"* genannt, 1489 werden Herzog Albrechts von Bayern *"iij sackpfeiffer"* und 1490 *"des künigs iij sackpfeyffer"* aufgelistet.[8] In der Stadtrechnung von 1495 wird an Ausgaben für *"Spilleute"* aufgeführt: *"Item des von Montforts ij sackpfeyffer Michl und Matthes Schultheißen gebruder am mittwoch katherine ij ort."* (ort von quartus = Viertelgulden)[9]. Bei einer solchen Vorliebe für Sackpfeifenmusik sind Sackpfeifer im Hofstaat von Adligen während des ganzen 15. und 16. Jahrhunderts durchaus nicht ungewöhnlich: Einen berittenen Sackpfeifer sehen wir schon im Gefolge Herzog Ludwigs von Bayern beim Konzil zu Konstanz, 1414 – 1416, in einer etwa 1464 entstandenen Kopie der Chronik von Ulrich von Richenthal abgebildet.

Sackpfeifer und Trommelschläger befinden sich um 1530 im Gefolge des Grafen Christoph von Nellenburg und Tengen, der, als Witwer wiederum auf Freiersfüßen, seiner Angebeteten, Helena von Zollern, bei Haigerloch mit eben diesen Sackpfeifern über das Tal hinweg den Hof macht:

"... Dieweil aber der graff von Tengen sich ie wider verheuren wellt, wie man gemainlich sagt, so ein alter zu einem narren werde, das er umb ain weites ain jungen ubertreffe, das beschach do auch, er wolt nur das frölin Helena haben, und damit er sich auch holtselig machte, do saß er zu zeiten bei angeender nacht uf ain wagen, ließ sich von Werstain, das dann nit fer von Haigerloch, hinuber faren zu der kurchen, die ennet dem schloß zu Haigerloch hinuber dem thal ist. Daselbst het er seine tromenschlager, sackpfeifer und dergleichen volk bei sich, zugket und hoffirt also dem frelin über das thal hinüber; het gleichwol den vorthail, do schon ime und seinen sackpfeifern was unzucht widerfaren, so het es doch das frelin oder niemands sonst vernemen mögen; dess war er wol sicher."[10]

1570 ist am Hofe zu Sigmaringen ein Sackpfeifer als Bote angestellt. Ein Hofnarr kann er nicht gewesen sein, denn seine Botendienste führten ihn bis nach Speyer, Innsbruck und sogar bis nach Wien.[11]

In seinem 1594 zu Schmalkalden erschienenen "Adelsspiegel..." tadelt C. Spangenberg unter anderem die enorme Verschwendungssucht vieler Adliger und vermittelt uns dadurch ein anschauliches Bild eines solchen Hofstaates:

"Andere haben jre Lust / das sie viel Gesinde / Knecht / vnd Diener haben / als man wol findet / die beneben jhren eigen Schneidern / Reitschmieden vnd Barbierern / auch jhre eigene Trummeter / Lautenisten oder Citharschlager / Sackpfeiffer / Geuckler vnd Stocknarrn haben / die sie jetzt grün / denn rot / bald graw / denn blaw kleiden / jetzt jhnen Vngarische / dann Brunschwigische / bald gar breite Frantzösische Hüte keuffen / vnd darüber (ohne not) nicht ein geringes verthun."[12]

Im 16. und 17. Jahrhundert sind Sackpfeifen durchaus keine verachteten Musikinstrumente. Zwar äußern sich einige Zeitgenossen abfällig über sie, doch dürften Ablehnung oder Zustimmung, wie auch heute noch, vornehmlich eine Frage des musikalischen Geschmacks gewesen sein oder gesellschaftliche Übereinkunft, je nach kulturellem Selbstverständnis. Der junge Graf Gottfrid Christof von Zimmern etwa, befragt, zu welchem Saitenspiel er Lust hätte, es zu lernen, gibt im Jahre 1541 zur Antwort,

"das er under allen Saitenspilen keins wist, darzu er mehr lust und gefallens hett, dann zu der sackpfeifen, darauf megte er wol lernen."[13]

Er wird zwar daraufhin ausgelacht, doch ist er mit seiner Vorliebe für Sackpfeifenmusik im 16. Jahrhundert kein Einzelfall: Ein *"sonnderliche frewd"* an Sackpfei-

Abbildung 5

Anonymer Meister, Süddeutschland, um 1464: Belehnung des Herzogs Ludwig von Bayern. Aus Ulrich von Richenthals Chronik des Konzils zu Konstanz 1414 – 1418. Konstanz, Rosgartenmuseum, Inv.-Nr. Hs. 1, fol. 75v. Die Handschrift ist eine von sieben bebilderten Kopien eines wohl verlorengegangenen Originals. Die Kopisten bzw. Illustratoren der damaligen Zeit nahmen sich gegenüber dem Original manche Freiheiten heraus. Museumsfoto.

Abbildung 6

Unbekannter, vermutlich fränkischer Glasmaler: Wappenscheibe "Conradt von Velberg zv Velberg vnd Leonfels. Hilf Got hie vnd dort." Im geschwungenen oberen Rahmen die Jahreszahl 1566. Conrad von Vellberg mit einem Sackpfeifer und einem Schalmeispieler. H. 32.5, Br. 28 cm. Nürnberg, Germanisches Nationalmuseum, Inv. Nr. Mm 430.   Foto: Germanisches Nationalmuseum.

fenmusik hat z.B. auch der Edel Vest Cuntz von Velberg. Seine *"Velbergische Sackpfeifferey"*, wie sie 1578 genannt wird, spielt auf großen und kleinen Sackpfeiffen und wohl auch Schalmeien bzw. Pommern, die alle sauber aufeinander eingestimmt sind und "sortisieren", also mehrstimmig zusammenspielen können, vermutlich, wie damals üblich, in Discant, Alt, Tenor und Bass, oder auch nur zweistimmig. Die Wappenscheibe dieses Conrad (Kuntz) von Velberg zeigt ihn mit zweien seiner Pfeifer. Die Scheibe macht deutlich, daß für die *"Velbergische Sackpfeifferey"* tatsächlich Sackpfeifen und Schalmeien im Ensemble anzunehmen sind, wie dazumal allgemein üblich, und nicht nur Sackpfeifen. Möglich ist allerdings, daß gelegentlich auch nur mit Sackpfeifen aufgespielt wurde. Die Pfeifer des von Velberg spielten auch außerhalb Vellbergs auf, so 1575 auf einer Hochzeit in Weikersheim, der Residenz der Grafen von Hohenlohe, wofür sie vom Grafen Wolfgang 10 Taler erhielten[14] und ebenfalls 1575 in Stuttgart bei der "Fürstlichen Württembergischen Hochzeit".

Ihr Auftritt dort erregte einiges Aufsehen und war dem Balinger Humanisten Nicodemus Frischlin in seiner 1577 in Latein abgefaßten Beschreibung dieser Hochzeit einige Zeilen der Erwähnung wert. In der stellenweise recht freien deutschen Nachdichtung 1578 durch Christoph Beyer lesen wir:

"...Als nun kam an das inner Thor
Die Fürstin / da stunden darvor
Des von Velberg Sackpfeiffer vier /
und pfiffen da auff ir Manir /
Mit vier groß und kleinen Sackpfeiffen /
Mit Fingern auff die Löcher greiffen.
Des gab es ein seltzam gemürbel
wol durcheinander ein gezwürbel /
Mit Brummern tieff und den Schalmeien /
Als pfiffen sie ein Bawren Reien /
Daß es thet uberlaut erschallen
Die Sackpfeiffen vom Lufft geschwallen /
Die Backen inen lieffen auff /
da gieng es alles fein zuhauff /
jetz grob / jetz klein zusamen her /
als wans ein rechte music wer.
Die man dann weit und breit thut kennen
Velbergisch Music kan mans nennen /
Weil Kuntz von Velberg sie gefellt /
Der auff sein Kosten sie erhelt..."[15]

Der gedruckte Kurzkommentar vermerkt hier am Rand: *"Velbergische Sackpfeifferey"*. An anderer Stelle dieser Beschreibung heißt es über den *"Edel Vest Cuntz von Velberg"*:

"... Und [er] hat ein sonnderliche Frewd
zu seiner Zeit mit bscheidenheit
Mit seinen sechs Sackpfeiffern gut/
die mit sechs Stimmen eim den Mut
Erfrewen / pfeiffen dapffer her /
als wans ein gwaltig Music wer /
Daß einer gleich dazu muß lachen /
daß sie einen so frölich machen:
Seind alle sechs zamen fein gestimbt /
daß es zwar einen wunder nimbt /
Das sie zusamen sortisiern /
Ein ander so gar wercklich ziern..."[16]

Diese Vorliebe für Sackpfeifen, überhaupt für rustikale Musik scheint beim deutschen Adel noch weit verbreitet gewesen zu sein und nicht allein auf Schwaben beschränkt. So tadelt Cyriacus Spangenberg 1594 in seinem bereits erwähnten 'Adelsspiegel' auch Verhaltensweisen, die seiner Ansicht nach von mangelndem Ehrgefühl zeugen und den Adel schwächen:

"Solches bedencken aber die gar wenig / die etwan einen Sackpfeiffer oder Fidler an sich hengen / vnd in voller weise / auch wol sonst mit demselben vnd anderer leichtfertiger Burse (Gesellschaft) *durch eine Stadt / Dorff oder Flecken / von einem Gasthoff oder Weinhaus zum anderen reihen / darneben jauchtzen / kraischen vnd schreyen / als ob sie sich zerreissen wolten..."*[17]

Ein solcher nach Sackpfeifenmusik geradezu närrischer Adliger wird auch 1606 in der Gestalt des Junker *Hans ohne Baur* in der Schulkomödie 'Musicomastix' des Stettiners Elias Herlitz als Lehrbeispiel für einen *"Music Feind"* vorgeführt.[18]

Michael Praetorius beschreibt 1619 in seinem 'Syntagma Musicum' die Klangmöglichkeiten des sogenannten Nürnbergischen Geigenwerks:

"9. 10. Zum Neundten / lest es sich auch auff gut Leyrerisch: Und zum zehenden wie Sackpfeiffen und Schalmeyen machen und hören: Damit man die Weiber und Kinder / so sich sonst der Musica nicht viel achten / auch wol grosse Leute / wenn sie in etwas mit eim guten Trunck beladen / erfrewen kan."[19]

Damit dokumentiert er, daß es nur ein paar Kannen guten Weins bedurfte, um auch bei Leuten besseren Standes, mit einer verfeinerten Musikkultur, der Sackpfeife wieder zu ihrem alten Recht zu verhelfen. Abschätzig, aus einer anderen Kulturauffassung heraus, äußert sich 1572 der Straßburger Johann Fischart in seinem *"Lob der Lautten"*:

"... Zu dem wird durch die klingend Seyt
Die Menschlich stimm süß zubereyt, (...)
Sie macht nicht Närrisch vnd leichtfärtig,
Vnhöflich, bäwrisch vnd unärtig
Wie die Sackpfeiffen vnd Schalmeyen,
die sehr viel Midasköpff erfrewen. (...)".[20]

Nach Ovid, Metamorphosen XI, hatte der antike Sagenkönig Midas beim Wettstreit zwischen dem Hirtengott Pan und dem Gott Apollon – Schilfrohrpfeifen gegen Zupfleier – den Schiedsrichter, den Gebirgsgott Tmolos, für seine Entscheidung, dem Apollon den Sieg zuzusprechen, ungefragt kritisiert und Einspruch gegen diese Entscheidung erhoben, den Klang des Schilfrohrinstrumentes also dem des Zupfinstrumentes vorgezogen. Dafür wurde er von Apollon mit Eselsohren bestraft: das Vorbild für die Narrenkappe. Fischart hält also Liebhaber von Schalmei und Sackpfeife, deren es zu seiner Zeit offensichtlich noch sehr viele gab, für *"Midasköpfe"*, für Narren mit Eselsohren. Der Bezug zum Hofnarren mit seiner Sackpfeife ist hier unverkennbar. Schon 1494 ist in Sebastian Brants 'Narrenschiff' ein solcher Sackpfeifennarr abgebildet, unter dem Motto:

"Wem sackpfiffen freüd, kurtzwil gytt
Und acht der harpff und luten nytt
Der ghört wol uff den narren schlytt."[21]

Brant ist hier jedoch toleranter als später nach ihm Fischart. Auf den Narrenschlitten gehört seiner Meinung nach, wer Sackpfeifen schätzt, andere Instrumente wie Harfe und Laute dagegen aber mißachtet. Er ist also nicht generell gegen Sackpfeifen eingestellt.

Auch in den Städten gibt es Sackpfeifer. Als Wappenmeister der jeweiligen Partei sehen wir zwei als Narren gekleidete Sackpfeifer zu Pferde beim berühmt gewordenen Turnier des Augsburger Patriziers Marx Walther gegen Jörg Hofmair vom Jahre 1480.[22] Der Selbstdarstellung nach muß dieser Marx Walther ein wahrhaft wackerer Schwabe gewesen sein.

In einem Brief vermutlich vom Jahre 1662 bittet der Öttinger Stadtmusikant Jerg Krantz seinen Landesherrn um höhere Bezüge mit der Begründung:

"...undt aber die Zeit anjezo sehr schwer und der verdienst dargegen gering, indeme ich khaum das Jahr über mit meiner Sackpfeifen verdiene, daß ich damit meine Haußhaltung bestellen kann."[23]

Bauern- und "Hexen"spielleute

Von Sackpfeifern aus der bäuerlichen Bevölkerung erfahren wir zumeist nur aus Strafakten. In der Regel sind es wegen Ignorierung von Tanzverboten oder wegen Aufspielens zur Unzeit bestrafte Musikanten. Ständig waren sie in Konflikt mit der Kirche und der Obrigkeit, die sich oft als weltlicher Arm der Kirche verstand, und wurden dadurch aktenkundig. Spielleute waren der Kirche seit der Antike stets ein Greuel. *"Pusterbälge des Satans"* nennt sie der Volksprediger Berthold von Regensburg im 13. Jahrhundert, und in zahllosen Predigten, Schriften und Bildern wurden sie verteufelt. Bilder waren in jenen Zeiten für die große Mehrzahl der Bevölkerung, die weder lesen noch schreiben konnte, ein wichtiges Mittel zur Information und Belehrung. So illustriert in der Johanneskirche zu Gingen a. d. Fils ein Wandgemälde vom Jahre 1524 das in den Predigten oft genannte Jüngste Gericht. Die von der Kirche stets verdammten Spielleute sind hier als Teufel mit Trommel und Sackpfeife dargestellt, die die Sünder am Höllenschlund in Empfang nehmen. Auf anschauliche Weise wurde hier dem Betrachter vermittelt, was er von den Spielleuten unter seinen Zeitgenossen zu halten hatte und wohin es führte, wenn er den Verlockungen ihrer Musik folgte. Solche Darstellungen mit Höllenrachen und Musikanten sind in der religiösen Kunst häufig anzutreffen.

In den fünfziger Jahren des 16. Jahrhunderts fielen die Bauern von Kreenheinstetten am oberen Donautal in einer Christnacht wegen ungebührlichen Betragens auf:

"Da saßen die pauren samt irem amptman Balthasar Freien die ganze nacht im wurtshaus spielen und drinken, wie dann an manichem ort laider ein bösser brauch ist. Wie sie in die christmetin geen solten, do waren sie voll und doll; do half kein ermanen oder abhalten an inen. In somma, sie giengen umb zeit der

Abbildung 7

Hans Ulrich Franckh (Kaufbeuren 1603 – 1680 Augsburg): Zechende Bauern. 26. Mai 1656 datiert. Radierung 10,7 x 13,5 cm. Augsburg, Städtische Kunstsammlungen Augsburg, Graphische Sammlung. Inv. Nr. G 5114. Foto: Städtische Kunstsammlungen.

Abbildung 8

Hans Ulrich Franckh: Tanzende Soldaten in einer Taverne. 11. April 1656 datiert. Radierung aus: "Scenen aus dem Militär und Wegelager-Leben.". Augsburg, Städtische Kunstsammlungen, Graphische Sammlung. Inv. Nr. G 5496-83. Foto: Städtische Kunstsammlungen.

christmetin mit der sackpfeifen und eim wilden geschrai im dorf darafter und zu der kirchen..." [24]

Das *"wilde geschrai"*, das *"jauchtzen und kraischen"* zu den Klängen der Sackpfeife, von dem die Chronisten berichten, läßt uns recht gut das Lebensgefühl einiger damaliger Zeitgenossen nachempfinden. Andere wieder zeigten für solche Ausbrüche überschäumender Lebensfreude wenig Verständnis: Zu den Obliegenheiten der Hechinger Schultheissen zählte um 1600 beispielsweise, darauf zu achten, daß sommers wie winters nach der neunten Stunde niemand mehr auf die Gasse ging und daß kein Wirt mehr ausschenkte. Mit Hilfe von Stadtknecht und Wächtern, die

"uff dergleichen umbschwaifende gesellen und unnütze nachtvögel" achten sollten, mußte er *"das übermietige trutzige schreyen, juchtzen und boldern uf der gassen mit sackhpfeiffen und anderem saitenspühl, oder auch von einem haus zum anderen, (...) umblaufen, abstellen."* [25]

Im Mai 1597 beschwert sich Graf Eitelfriedrich IV. von Zollern-Hechingen beim Rat der herzoglich württembergischen Nachbarstadt Ebingen, daß an einem Samstag

"die von Bitz bey der alten kirchen mit trommen, schwegel und sackhpfeifen einen tantz gehalten und nach volendetem tantz mit hellem trommenschlagen den forst durch und durch heimbwärts nach Bitz gezogen sein." [26]

Das galt nach den nachbarlichen Verträgen als Forstfrevel. Eine Sackpfeife, leider fast völlig verdeckt, ist unter anderen Musikinstrumenten übrigens auch in der Umrahmung eines Wappens Eitelfriedrichs IV. von Zollern-Hechingen aus dem Jahre 1584 zu sehen.[27] – Stoffel Rauch zu Hechingen benützte 1617 seine Sackpfeife *"frevenlicher weis"* als Waffe (!) und mußte dafür büßen[28], wie 1611

"Hanns Funckh der jung, wegen er vor diesem trunckhens weins mit der sackh pfeifen durch die statt hinab bis zum spitahl uffpfeifend gezogen." [29]

1618 spielen auf der Kirchweih in Grosselfingen 2 Sackpfeifer zum Hahnentanz auf.[30] Eine sehr schöne Abbildung eines Bauernsackpfeifers zeigt die Christoph Maurer zugeschriebene aquarellierte Zeichnung vom Ende des 16. / oder Anfang des 17. Jahrhunderts. Maurer arbeitete seit 1595 in Reutlingen.
Spinnstuben, auch Rockenstuben, Gunkelstuben oder Lichtkärze genannt, waren auf den Dörfern für die Jugend beiderlei Geschlechts fast die einzige Möglichkeit, zwanglos zusammenzukommen und sich kennenzulernen. Dabei ging es oft wild zu, und von Sittenstrenge konnte keine Rede sein. Derbste Sprüche und schandbare Lieder waren zu hören, auch wurde musiziert und dazu getanzt, und das keineswegs immer züchtig, so daß auch hier zahlreiche Verordnungen erlassen wurden, um diesem urwüchsigen Treiben ein Ende zu setzen. 1682 wurde in Aulendorf der Schäfer Jörg Stibl bestraft,

"weilen er jungen Medlen und Pursten, so bei ihme zur gunkelstuben gewesen, auf der sackpfeiffen aufgemacht und heimliche täntz angestellt." [31]

Wegen Übertretung eines Tanzverbotes wurde auch 1696 in Betzweiler-Wälde bei Freudenstadt der Hochzeiter Georg Friedrich Berger abgestraft. Er hatte noch vor der Predigt im Wirtshaus des Hans Zeller durch den Sackpfeifer Josef Hafner aufspielen lassen, wofür beide je 2 Gulden 9 Kreuzer Strafe zahlen mußten.[32]
Auch in nüchternen Geschäftsakten finden sich bisweilen Sackpfeifer erwähnt: So verkaufte am 21. Januar 1591 ein gewisser *Conrad Benner gen. Sackpfeyffer zu Orsingen* seine Wiese am Napenbrunnen an Johann Jacob Vogt von Sumerau für 28 Gulden.[33]
1984 konnte in Horb a. N. während der Umbauarbeiten am mittelalterlichen Ihlinger Tor, dem sogenannten Luzifer-Turm, eine bisher unbeachtet gebliebene Bohlenkammer als Arrestzelle identifiziert werden. Im Wandputz und in den Holzbohlen fanden sich zahlreiche Ritzzeichnungen von einstigen Inhaftierten. Sie datieren von 1598 – 1633, und eine dieser Inschriften nennt diese Zelle *"Riebkammer"*, vom älteren Wort *"ruebig, riewig, riebig"* gleich *"ruhig"*, also eine "Ruhe"kammer der eher unangenehmen Art. Eine dieser Bohlen trägt eine besonders interessante Inschrift: In einem rechteckigen Rahmen ist der Name des Inhaftierten *"Jacob (us?) Schefer"* zu lesen sowie die Jahreszahl 1633. Ein Pfeil ist zu sehen und links neben dem Namen eine kleine stilisierte Sackpfeife. Rechts und links dieses Rahmens sind zwei Blasinstrumente (Schalmeien?) mit je sechs vorderständigen Grifflöchern eingeritzt, und rechts unterhalb des geritzten Rahmens eine weitere, größere Sackpfeife, bei der die beiden ungleich langen Bordunpfeifen in einer gemeinsamen,

Abbildung 9

Christoph Maurer, Reutlingen, zugeschrieben: Zwei Bauern. Ende 16. / Anfang 17. Jhdt. (Am unteren Bildrand ältere, überholte Zuschreibung an Hans Holbein.) Stockholm, Statens Konstmuseer, Nationalmuseum, Inv. Nr. H. 1863 / 1863. Foto: Nationalmuseum, SKM Stockholm.

wohl als zylindrischer Klotz aufzufassenden Halterung stecken.³⁴ Denkbar ist, daß der Arrestierte ein Pfeifer war, ein Spielmann und vielleicht auch, vom Namen her, ein Schäfer.

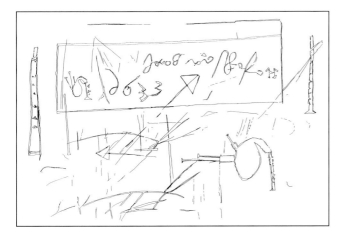

Abbildung 10

Nachzeichnung der Einritzungen auf der Bohlenwand in der Riebkammer im Ihlinger Tor, Horb; hier nach einem Pressefoto von Karl-Heinz Kuball, Pressefotograf, Südwest-Presse Horb. Zeichnung: Ernst E. Schmidt.

Hexenprozessakten sind die vielleicht grausigsten aller geschichtlichen Quellen. Gelegentlich – wenn bei den Verhören nach Tanz und Musik, nach Tanzformen und Spielleuten beim angeblichen Hexensabbath gefragt wurde – enthalten sie Aussagen, die Rückschlüsse auf die damalige Volksmusikpraxis erlauben. So sind die "Hexen"spielleute in der Regel Sackpfeifer oder Schalmeipfeifer, seltener Spielleute mit anderen Volksmusikinstrumenten. In einem Hexenprozeß zu Freudenstadt aus der Mitte des 17. Jhdts. gegen Barbara Tollmeier von Onstmettingen werden zwei Spielleute als Hexer genannt:

"item der Hürttig-Hans, welcher ihren Mann das Hexenwerk gelehret, so seithero in das Preisgeu gezogen, wie auch Hanns Kohler, beede von Ringingen, beede Spihlleut, haben miteinander erstlichs der Hürttig-Hans mit der Sackpfeiffen und Hanns Kohler mit der schwebelpfeiffen[a] zue danz gemacht..." ³⁵

Sackpfeifer als Spielleute bei "Hexen"tänzen werden mehrfach in Esslinger Hexenprozeßakten genannt.³⁶ Der Angeklagte Hans Wild aus Möhringen "gesteht" 1630:

---
[a] Das Schwäbische Wörterbuch (Bd. 5, Sp. 1260) sieht hier eine Verballhornung aus 'Schwegel' = Querpfeife; auf dem Titelholzschnitt eines Gedichtes von 1633 (vergl. Abb. 17) ist der im Text genannte "Schweabalpfeiffar" jedoch als Schalmeipfeifer dargestellt.

"Vier tag hernach an einem donerstag sey er und M. (Martin) der Roßhürt Von Birckhach bey Kaltenthal Im Eltzenthal genant (bei Vaihingen)*, abends Vmb Viere Zuesammenkommen, seyen etwan zehen Weiber Vnd ein Sackhpfeifer, welches ein schafbueb, den er nit kent, auch erschinen, haben miteinander gedantzet, aber nichts zuessen, Vnd zue trinckhen gehabt, die Weiber er nit kent, (...)"* ³⁷

Der 17jährige Hans Elsässer antwortet 1662 auf die Frage:

"Ob sie Spilleuth gehabt?" mit: *"Ja, Geiger, Pfeifer, Schäfer mit Sackhpfeifen, welche fast eines arms lang brommer* (Bordunpfeifen) *haben, seyen dergleichen fünf gewesen* (fünf Spielleute)*: etwa da, etwa dort under einem Haufen einer."* ³⁸

Also spielten bei größeren Veranstaltungen die Spielleute einzelnen Gruppen auf, jeweils ein Spielmann für eine Gruppe. Das erst 6jährige Michele aus Möhringen ist für die Hexenjäger ein besonderer Fall. Von ihm

"Würd auch berichtet, daß diser junge bueb, ein gar verschlagener bub schon; immer mit sackpfeiffen und dergleichen woll vmbgehe: Da doch kein sackpfeifer im Flecken; Nem ein dickhe rueben, steck 2 höltzlin darin, treibe den schwantz daß spitzig thail der rueben, wie denn halß an einer sackpfeiffen herumb, fingere und lulle oder pfeiffe wie ein sackpfeiffer, daß sich zu verwundern, woher doch dieser kleine bub sollche invention (Erfindung, Einfall) *bring."*

Die Vorstellung wird noch einmal wiederholt:

"disen buben haben auch die Deputierte noch einmahl vor sich in den Spitahl hoff kommen laßen, deme ein rueben und höltzlin gegeben wardt, Welches er alsbalden in form einer Sackspfeiffen zugerichtet und mit dem Mundt und diser ruben geleyert, das sich daryb zu verwundern und mit entsetzen eine gestus zu sehen, daß nichts guths in disem Kindt stecken muss; (...)"

Ein Spielzeug einfachster Art, mit dem das Kind eine Sackpfeife imitiert, macht es der Hexerei verdächtig! Anschaulicher kann der damalige Hexenwahn wohl kaum demonstriert werden. Auf Befragen weiß das Michele auch zu berichten:

"Wo Sie hinfahren, allda sey der Himmel; Seyen 5. Sackhpfeiffer dortten und stattlich frawn; sein ahna hab auch mit einer getanzt." ³⁹

1663 gibt der 10jährige Niklas Bahlinger an:

"Haben Spileuth mit einer Sakhpfeifen gehabt." ⁴⁰

Im Amt Göppingen erklärt 1676 die 8 Jahre alte Maria, Tochter von Stefan Doll aus Gruibingen, vom Pfarrer befragt, ob der Spielmann beim Hexentanz mit einer Schalmei oder mit einer Sackpfeife zum Tanz aufgespielt habe,

"er mache mit einer sackhpfeiffen auf". ⁴¹

Bei den Hexenprozessen der Jahre 1635/36 zu Löffingen / Blumberg sagt im Dezember 1635 die Angeklagte Sattler Bärbel aus: Beim Tanz seien Geiger und Sackpfeifer dagewesen. Der Geiger sei ein altes Männle von Hüfingen, der Pfeifer stamme von Immendingen. (...) Der Spielmann sei in der Mitte gestanden und sie hätten ihn umtanzt.⁴² Im selben Monat wird eine zweite Gruppe verhaftet, sieben Frauen und zwei Männer. Darunter befindet sich *"...Thebus Weber, genannt Schüssele, Sackpfeifer von Löffingen."* ⁴³ 1680 wird in Zell am Harmersbach im badischen Schwarzwald der Sackpfeifer Conrad Feger als Zauberer enthauptet.⁴⁴

Eine umfassende Auswertung der noch vorhandenen Hexenprozessakten dürfte eine Fülle derartiger Belege zum Volksmusikinstrumentarium zutage fördern.

Bei der höfischen Repräsentation

Sackpfeifer sind auch bei den höfischen Festumzügen dabei. Auch hier sind sie der dargestellten ländlichen Bevölkerung zugeordnet, also Bauern und Schäfern, ganz gleich, ob es sich um antike pastorale Themen handelt oder um zeitgenössische. Ebenso spielen hier exotische Völker wie Ungarn, Tataren, Polen und auch Türken Sackpfeifen und Schalmeien, so z.B. bei der bereits erwähnten Fürstlichen Württembergischen Hochzeit von 1575, die mit einem unvorstellbaren Gepränge begangen wurde. Der aus Balingen gebürtige Nicodemus Frischlin hat dieses Fest 1577 in lateinischen Versen beschrieben. In der weitaus umfangreicheren deutschen Nachdichtung 1578 durch Christoph Beyer aus Speyer wird dieses Fest, dieser höfische Prunk äußerst lebendig beschrieben. Sackpfeifen sind bei dieser Hochzeitsbeschreibung mehrfach genannt. Beim Einzug in die Stadt wird die Braut, wie schon erwähnt, am inneren Tor von vier Pfeifern der *"Velbergischen Sackpfeifferey"* begrüßt. Unter den Attraktionen des Festes ist auch ein "Schauessen" für die Augen. Dargestellt ist dabei auch eine Krippe mit der Christgeburtsszene:

"Die Hirten mit dem Hirtenstab
Auch kamen dar von Bergen rab
Und bliesen her in die Sackpfeiffen /
Und theten int Schalmeien greiffen /
Pfiffen auß grund irs Hertzen sehr /
Dem newgebornen Kind zu Ehr." ⁴⁵

Im Aufzug der Ungarn ziehen drei Pfeifer mit:

"In die Schalmeien sah mans greiffen /
Vnd mit den Polnischen Sackpfeiffen / ..." ⁴⁶

"Polnische Sackpfeifen" waren eine an den Fürstenhöfen beliebt werdende Sackpfeifenart, die bisher in Bildquellen noch nicht recht faßbar ist. Auch Spanienpilger, die sogenannten Jakobsbrüder, ziehen muschelbehangen im Aufzug mit:

"Vor diesen zog daher und pfiff
Einer in die Sackpfeiffen tieff.
Ein Geiger zu im gieg (geigte) *fürwar /*
Daß es erklinget frewdig gar." ⁴⁷

In der neunten Gesellschaft mit vier Tataren pfeift ein Sackpfeifer zusammen mit einem Krummhornbläser:

"Darzu auch ein Sackpfeiffer pfiff /
Vnd einer in das Krumhorn griff." ⁴⁸

Und im siebenten Buch heißt es noch einmal:

"Auch bliesen Schalmeyen vorher
Und Sackpfeiffen / als wann es wer
Der Hirte auff dem Berg Ida /
Und pfiff im Lande Phrygia
Sein Schäflein ein Hirtengesang /
Damit im wurd die Weil nit lang." ⁴⁹

Die Spiele, die in Stuttgart zur Fasnacht 1602 auf Anordnung Herzog Friderich zu Württemberg und Teck veranstaltet wurden, hat Frischlins Bruder Jakob in seiner *"Beschreibung deß Fürstlichen Apparatus, Königlichen Auffzugs (...), Franckfurt am Mayn 1602"* festgehalten.⁵⁰

"Der fünffte Auffzug vnnd Ingressus (Einmarsch) *der Bauren / im Nahmen des Schwäbischen Kraiß / (...)."* diente erkennbar der Belustigung des Adels:

"Der fünfft Auffzug erzeiget sich /
In Bauren Gstalt gantz lächerlich:" ⁵¹

Die herablassend-spöttische Schilderung bäurischer Trachten, Sitten und Gebräuche stellt heute jedoch eine wertvolle Quelle zur schwäbischen Volkskunde dar. Zur Musik der Bauern heißt es:

*"So baldt sie in den Rennplatz kamen /
Ein Sackpfeiffer sie mit ihn (sich) namen /
Ein Schallmeyen hettn sie fein auch /
da sprang der Baur als wie ein Gauch (...)."* [52]

Zu dieser Musik wurde ein offenbar sehr populäres Tanzlied gesungen:

*"Wann sie also herumher sprangen /
Das Schäfen Appelin dazu sangen /
Und andre Bäurisch Liedtlin fein / (...)."*

Ein Bügeltanz und andere Tänze werden aufgeführt. Dazu heißt es:

*"... Der Sackpfeiffer das triebe lang /
Die Schallmey / auch ihr bäurisch Gsang /
Jetzt machten sie den Schäffertantz /
Dann Schäfen Appelin tölpisch gantz /
Dann baldt darauff den Hurenwadl /
Tantzten garnicht wie die vom Adl /"* [53]

"Der neunte Aufzug und Ingressus des Wolgebornen Herrn / Herrn Conraden Grafen von Tübingen / Herrn zu Liechteneck / und Obervogt zu Herrenberg, (...)" bringt Schäfer auf den Plan, in Zwilch und Leder gekleidet. Auf einem auf Rädern mitrollenden künstlichen Berg liegen um einen Brunnen vier *Pastores* (Hirten bzw. Schäfer),

"Die musicierten an den Tagn / Und sangen lieblich auff Schalmeyen / Sackpfeifften einen Schäferreygen." [54]

Auch die Schäfer tanzen den Schäflin-Appelin-Tanz:

*"Dach auf / dach ab / in kurtzer Summ /
Stellten die Füß und Schenckel krumm /
Daß männiglich der Schäffer lacht /
Da man das Schäflin Appelin macht."* [55]

Dieses Tanzlied wurde von J. Frischlin auch schon 1599, bei der Beschreibung eines höfischen Fackeltanzes auf der Hohenzollernschen Hochzeit, als Vergleich herangezogen:

*"Zwen grafen danzten vornenher
mit facklen zierlich höflich sehr (...)
(...) welche hofmännisch ganz die sachen,
nicht wie die groben bauren machen
die ainig nur von tach abspringen
Das Schaefen Applin darzu singen."* [56]

Im Jahre 1609 feiert Württemberg die Hochzeit Herzog Johann Friedrichs (1582 – 1628) mit der Markgräfin Barbara Sophie von Brandenburg. Im folgenden Jahr 1610 gab Johann Oettinger eine Beschreibung dieses Festes und seiner Aufzüge heraus [57], und 1611 folgte Balthasar Küchlers *"Repraesentatio der fürstlichen Auffzug vnd Ritterspil ..."*, ein Bildwerk mit etwa 250 Tafeln. [58]

Den Abschluß des Aufzugs des Fürstl. Herrn Bräutigams beschreibt Oettinger wie folgt (den Beschreibungen Oettingers sind hier die Stiche Küchlers gegenübergestellt):

"Letztlich haben fünff Satyri vnnd Waldgeister / so ihren Patron den Bacchum auff einem Bock mit Schalmeyen vnd Sackpfeiffen / daher geführt / diesen ansehenlichen Auffzug mit lecherlichen Bossen vnd Geberden beschlossen." [59]

Abbildung 11

Balthasar Küchler, Blatt 29 des Aufzugs des Bräutigams zum Ringrennen, aus *"Repraesentatio..."*. Radierung. Graphische Sammlung Staatsgalerie Stuttgart, Inv. Nr. A 32609. Foto: Staatsgalerie Stuttgart.

Der Stich zeigt diese Satyrn oder Waldgötter in einer für eine Aufführung durch verkleidete Personen unrealistischen Darstellung. Selbst in Fellkostümen wäre es keinem Menschen möglich, die Knie bocksbeinig nach hinten zu biegen! Die Sackpfeife ist hier schematisch dargestellt, läßt aber erkennen, daß es sich um einen auch sonst bekannten Typ mit zwei gleichlangen Bordunpfeifen handelt. Diese Bordunpfeifen sind auf den gleichen Ton gestimmt und bewirken eine größere Klangfülle, nicht jedoch eine größere Lautstärke.

Im Aufzug der Herren Grafen von Hohenlohe sind personifizierte *"sieben schröckliche Laster"* an den Wagen der Siegesgöttin *VICTORIA* gekettet, der von zwei Einhörnern gezogen wird. Unter diesen Lastern befindet sich auch die Narrheit mit einer sehr schematisch dargestellten Sackpfeife, ohne Mundblasrohr und einer zu lang geratenen zweiten, nicht zusammengesetzten Bordunpfeife, die auf anderen Abbildungen sonst deutlich kürzer ist:

"... STULTITIA, in gantz Närrischer roth vnd weisser Kleidung / mit Narrenkolben vnd Sackpfeiffen behenget." [60]

Abbildung 12

Balthasar Küchler, Blatt 11 des Aufzugs der Grafen von Hohenlohe mit den Lastern *Discordia* (Zwietracht) *Voluptas* (Wollust) und *Stultitia* (Narrheit), aus *"Repraesentatio..."*. Radierung. Graphische Sammlung Staatsgalerie Stuttgart, Inv. Nr. A 32490. Foto: Staatsgalerie Stuttgart.

Discordia. Voluptas. Stultitia.

27

Des Durchleuchtigen Hochgebornnen Fürsten vnnd Herrn Ludwig Friderich Hertzogen zu Württenberg zc. Auffzug zum Quintan Rennen.

Der Edlen, Bestrengen Fürstlichen Wirttenbergischen Hof Junckherrn Auffzug zum Quintanrennen zc.

Ausführlich beschreibt Oettinger auch die Gruppen, die zum Quintanenrennen aufzogen, so den Aufzug Herzog Ludwig Friederichs von Württemberg:

"Die ander Compagnia, ist gewesen von 12. Schottländern / sind auffgezogen mit einer Trommel vnnd Sackpfeiffen / so einem gantzen Bock gleich gesehen / in Schottischer Klaidung / haben blaue Paretlin auff dem Häubtern / vnnd Bögen in Händen gehabt ..."[61]

Abbildung 13

Christoph Jamnitzer, Blatt 1 des Aufzugs des Herzogs Ludwig Friedrich v. Württemberg zum Quintanrennen. Radierung. Aus B. Küchler, "Repraesentatio..." Graphische Sammlung Staatsgalerie Stuttgart, Inv. Nr. A 32624. Foto: Staatsgalerie Stuttgart.

Den Aufzug der württembergischen Hofjunker beschreibt er:

"Die dritte Compagnia waren fünff Türcken / in rothen langen daffeten Röcken / mit silbernen Monden vnd Sternen treufft / hatten gelbe daffete Vnderröck / vnnd führten an ihren Spiessen rothe daffete Fahnen mit einem halben Mond. Sind mit einer Schalmeyen vnnd Polnischen Sackpfeiffen auffgezogen ..."[62]

Abbildung 14

Küchler, Balthasar, Blatt 1 des Aufzugs der Württembergischen Hofjunker zum Quintanrennen. Radierung. Aus B. Küchlers "Repraesentatio..." Graphische Sammlung Staatsgalerie Stuttgart, Inv. Nr. A 32458. Foto: Staatsgalerie Stuttgart.

Alle Teilnehmer dieser Gruppen des Quintanenrennens sind namentlich aufgelistet – natürlich waren dies weder Schotten noch Türken, sondern allesamt Adelige in entsprechender Kostümierung. Es stellt sich auch die Frage, ob hier dem Chronisten Oettinger nicht eine Verwechslung unterlaufen ist zwischen Schotten und Türken, oder dem Entwurfszeichner für diese Stiche. Denn der "türkische" Sackpfeifer spielt auf einer durchaus "normalen" Sackpfeife, wie sie zu der Zeit auch in Schottland üblich war. Lediglich die Spielpfeife weist hier eine Schutzkapsel (Fontanelle) am unteren Ende auf, für entweder eine Kleinfingerklappe, und dann handelte es sich wohl um ein relativ tief klingendes Instrument, oder um Spielpfeife und Schalltrichter miteinander zu verbinden. Der "Schotte" dagegen spielt auf einer Bockpfeife, die in höfischen Aufzügen sonst im allgemeinen Ungarn, Tataren, Polen und auch Türken beigegeben ist. Denkbar ist natürlich auch ein Fehler bei der Inszenierung oder bereits beim Entwurf dieser Aufzüge.

Sackpfeifen für die Hofkapelle wurden in Straßburg, polnische Sackpfeifen für die "musikalische Kriegerüstung" in Polen gekauft.[63] Diese "Kriegerüstung" war ein Kuriosum. Sie bestand aus Musikinstrumenten in Form von Waffen – Spieße, Musketen, Hellebarden, Äxte, Armbrüste, Schlachtschwert und Fausthammer, auf denen vornehmlich gepfiffen wurde. Im Jahre 1587 befanden sich unter den von Samuel Baischen eingelieferten Instrumenten auch

"3 verbeint Pulverfläschen, darinnen 3 Sackpfeifen, dabei drei gürtl (?) daran die Patronen hangen, in denen die Rörlein, (die Rohrblätter) *so zu den Sackpfeifen gehören, verwahrt seyen."*[64]

Der Trompeter Jörg Straal bildete Musiker unter anderem auch auf der Sackpfeife aus.[65] Ob die in Straßburg gekauften Instrumente Sackpfeifen waren, wie sie die Bauern spielten, ist nicht bekannt. Denkbar ist, daß dies französische höfische Sackpfeifen, vielleicht sogar Musetten waren: nach der verlorenen Schlacht von Nördlingen 1634 und den danach veränderten Machtverhältnissen wurde manches Musikinstrument der Stuttgarter Hofkapelle anderenorts verbracht oder geriet in raffgierige Hände, die es verkauften oder beschädigten, und so hatte 1639 der Kalkant Joh. Ge. Heller von einer Sackpfeife mit Elfenbeinpfeife und einem samtenen Sack den Samt weggenommen und damit seine Ärmel ausstaffiert.[66] Diese Sackpfeife dürfte kaum aus dem Bauernmilieu gestammt haben.

1616, bei den Festlichkeiten anläßlich der Fürstlichen Kindtaufe, wird in Stuttgart ein Ballett der Nationen oder Kopf-Ballett aufgeführt. Beschreibungen dieses Balletts liegen von drei verschiedenen Autoren vor.[67] Aus vier riesigen Köpfen springen dabei nacheinander Musikanten und Tänzer verschiedener Nationen hervor, so auch ein "Pole" (Herzog Friederich in polnischem Kostüm) und ein "polnischer" Sackpfeifer. Bei Georg Rudolf Weckherlin heißt es:

"... da der Pollack / in blawen atlas geklaidet (...) alles auf Polnisch mit seinem Sackpfeifer herfür zoge / und sie alle nach seiner weiß zu dantzen brachte."[68]

Johann-Augustin Assum, unter dem Pseudonym *Philopatrida Charitinum*, schreibt:

"...und nach seines Mitgesellen Polnischem Sackpfeiffle / unversehens getantzt ... hat."[69]

Aus der Bezeichnung *"Sackpfeiffle"* könnte man schließen, daß es eine recht kleine Sackpfeife war; der Kupferstich von M. Merian d. Ä. von 1616 zeigt jedoch ein Instrument beträchtlicher Größe.

Abbildung 15

Matthäus Merian d. Ä. nach Esaias van Hulsen, "Kopfballett" / "Ballett der Nationen" Stuttgart 1616. Kupferstich.
Graphische Sammlung Staatsgalerie Stuttgart, Inv. Nr. A. 32646. Foto: Staatsgalerie Stuttgart.

Jakob Frischlin beschreibt 1619 rückblickend den Auftritt des "polnischen" Musikanten am genauesten:

"... *Ein gutter Musicant herbrachtt*
  Ein Bock mitt guldin Hürner gmachtt
Auß einer Bokshautt zsamen glücktt
  Hatt sich woll zu seiner pfeiffen gschicktt
Der Bock ein spiegell hatt dahinden
  Der Sackhpfeiffer hatt arttlich pfeiffen künden
Sein polnisch Duday dises war
  Sahe eben alles lacherlich gar..." [70]

Abbildung 16

Matthäus Merian d. Ä. nach Esaias van Hulsen, Detail aus dem "Kopfballett" / "Ballett der Nationen" Stuttgart 1616: Die Musikanten, darunter der Sackpfeifer. Am oberen Ende der hinter dem Kopf emporragenden Bordunpfeife ist der gekrümmte Ansatz zu vermutlich einem Tierhornschalltrichter zu erkennen. Kupferstich. Graphische Sammlung Staatsgalerie Stuttgart, Inv. Nr. A. 32646. Foto: Staatsgalerie Stuttgart.

Auch 1617 werden bei den Kindtauf- und Hochzeitsfeierlichkeiten in Stuttgart Aufzüge veranstaltet; auch hier ziehen Sackpfeifer und Schalmeipfeifer mit:

Im Aufzug der Herzlosen Ritter:

"vier andere Satyri oder Waldgötter / deren einer noch zwey junge in einem korb auf seinem rucken truge / welche mit ihrer schalmeyen und sackpfeiffen zu deren vorgehenden Music übereinstimmeten / ..." [71]

Beim Einritt der Schwäbischen Bauern:

"...vorher giengen ein Sackpfeifer und ein Schalmeyer / die spihleten nach jhrer art lustig auf / und machten ihren Gespahnen / wann sie es haben wolten / zu dantz." [72]

Dieser Bauernaufzug und seine Beschreibung bewerten den Bauernstand wesentlich positiver als Frischlin in seiner Beschreibung des Bauernaufzugs von 1602. Bei *"Deß Lapländischen Curriers Cartel"* vermerkt der Chronist Weckherlin:

"Erstlich giengen drey grobe und grosse Lappen / deren einer auf einer grossen Sackpfeiffen / die zween andere aber auf langen Schalmeyen spihleten." [73]

Ein *"Caroussell"* am 18. Juli stellt die vier Elemente dar. Beim Wasser tritt eine *"Gesellschaft Americaner"* auf, *"nach ihrem Spihl, welches von großen Sackpfeiffen vnd Hornen war."* [74]

Sackpfeifen bei Festen der Landbevölkerung

Aber auch die Landbevölkerung feiert Feste. Seit Ende des 15. Jahrhunderts sind solche Feste ja von den Künstlern immer wieder dargestellt worden, wenn auch nicht unbedingt in dokumentarischer Absicht. Um 1633 erschien anonym ein Gedicht in oberschwäbischer Mundart mit dem Titel:

"Deß is gaon an selles Lied / Wenn man gaon An Saackpfeiffa odar susta Spial darzuo gaohn lath / sa hiacht as sa heal a sa Glocka / daß oanr gleich taantza möcht." [75]

Beschrieben wird darin eine Bauernhochzeit – eine literarische Version der eingangs erwähnten satirischen Bauernfestblätter. Auch hier singen die Bauern das Lied vom "Schäfen Appelin", von der einfältigen Apollonia:

Abbildung 17

Titelseite des anonymen Gedichtes von etwa 1633. München, Bayerische Staatsbibliothek. Foto: Bayerische Staatsbibliothek.

*"As singt an jedes was as kaan
Da blauha Stoarcka dan Hanselman /
Das Scheafanappele / da Graufa von Rom /
Da Geredom / da Kemmatfeagar / ha ho ho."* [76]

Feste schwäbischer Schäfer sind die Schäferlauffeste zu Markgröningen, Urach, Wildberg und Heidenheim. Sie weisen ein beträchtliches Alter auf. Beschreibungen dieser Feste z. B. von Markgröningen erwähnen – zumindest in älterer Zeit – stets auch den Tanz zum Spiel der Sackpfeife, so z. B. 1662 in einer Beschwerdeschrift an den Herzog von Württemberg wegen Ausschreitungen bei diesem Fest, oder 1778 und auch noch 1807 in allgemeinen Beschreibungen. 1723, anläßlich des 1. Uracher Schäfertages, äußert sich der Uracher Vogt dahingehend, daß jeder Schäfer Schalmei oder Sackpfeife spielen können sollte. (Vergl. hierzu den Beitrag von M. Stingel).

Sackpfeifen bei der Arbeit

Georg Rodolf Weckherlin gibt uns in einem 1648 erschienenen Gedicht bei der Beschreibung einer Weinlese einen Hinweis darauf, daß Sackpfeifen und Schalmeien auch in Schwaben "zur Arbeit anfrischten", wie es Hohberg nennt[77], vermittelt uns aber auch eine Klangvorstellung solcher Musik und ihrer Wirkung:

"Die Sackpfeif und Schalmey, mit ihrem hellem Spihl,
(Gefallend wunderlich der jugent jungem willen)
Wie diese mit geschrey und jauchtzen übervil
Und lauttem widerhal die lüft und ohren fillen.
Folgend den Pfeiffern nach mit frewden kommen sie
Bald in den Weinberg hin, da lassen sie ihr wesen,
Und fangen alsbald an mit angenehmer müh
Fein ordentlich zugleich die Trauben abzulesen." [78]

Nach getaner Arbeit erklang die Sackpfeife ebenso: Nikodemus Frischlin gestaltet 1590 in seiner Komödie *"Ruth"* eine Szene mit dem *"alten Brauch"* der *"Sichelhenke auf der Tennen"* (Ernteschmaus). Dort läßt er den Benjamin fragen: *"Hast nitt ein sackpfeiffer bestelt,"* worauf Sabulon antwortet: *"Ja wol, und wans meim Herrn gefelt, Ein schalmey und leyren darzu."*[79] (gemeint ist hier die Drehleier, bei der ein mittels einer Handkurbel gedrehtes, kolophoniumbestrichenes Holzrad die Saiten als quasi endloser Geigenbogen unaufhörlich anstreicht und so einen Dauerklang erzeugt. Sie hat eine oder mehrere Melodiesaiten, die mittels einer Tastatur abgegriffen werden, und mehrere Bordunsaiten. Sie klingt daher ähnlich wie eine Sackpfeife.)

Sprichwörter und Vergleiche

In der älteren Literatur ist die Sackpfeife auch Gegenstand von Sprichwörtern oder wird zu Vergleichen herangezogen: *"Seiner Sackpfeifen Hall, ist der beste Schall"* heißt es 1616 bei dem Augsburger Georg Henisch.[80] Heute würde man sagen: "Er ist sehr von sich eingenommen, sehr von sich überzeugt", oder: "Er läßt nur s e i n e Meinung gelten." 1552 schreibt Dionysius Dreytwein in seiner Esslingischen Chronik: *"Es ist*

Abbildung 18

Christoph Murer (Zürich 1558 – 1614): Scheibenriß. Sackpfeifer und Leirerin unterhalb eines Bauerntanzfrieses. 1606 datiert. 32.7 x 20.9 cm. Eine auffallend ähnliche Darstellung befindet sich als Lüftlmalerei an der Fassade des Gasthofs zum Stern im Ötztal, Tirol. Murer, der, aus Straßburg zurückgekehrt, seit 1586 wieder in Zürich arbeitete, lieferte bis in die Ostschweiz. Die hier entworfene Scheibe könnte durchaus zur Ausführung gelangt und von dem Lüftlmaler kopiert worden sein. Staatliche Kunsthalle Karlsruhe, Kupferstichkabinett, Inv. Nr. XI 375. Foto: Staatliche Kunsthalle Karlsruhe.

aber jeitz leider in aller wellt der bruch, das mir alle schreyenn, der kaiser will uns von dem gotts wortt treibenn und dergleichenn, das ich sag, es thond es nur leutt, die tag und nacht im wyrttshauss ligenn, die sich ebenn zu dem gotts wortt schickenn wie ein strosack zu einer sackpfeifenn; (...)"[81] – *"Dieses Mägdelein war (...) rundt wie ein Sackpfeyff"* zieht 1558 Michael Lindener einen für heutige Auffassungen recht taktlosen Vergleich in einem Schwank seines 'Katzipori'.[82]

Kuriositäten

Wie sehr die Sackpfeife buchstäblich in aller Munde war, mag folgende Auflistung von Kuriositäten belegen. So gab es Trinkgefäße in Gestalt einer Sackpfeife (sogenannte Scherzgefäße). Inventare des Hauses Württemberg aus den Jahren 1564 und 1588 listen unter *"Silberin sonndere Trinckhgeschirr"* auf: *"Item ain grosse silberine Sackhpfeiff..."*[83] Der aus Meersburg gebürtige Lehrer und Amateurbotaniker Hieronymus Harder hat in ein 1576 – 1594 von ihm angelegtes Herbarium auch die heimische Orchidee Frauenschuh (Cypripedium calceolus) aufgenommen und den damals in Schwaben gebräuchlichen Namen dazu notiert: *"Sackpfeiff"*[84]. Beim großen Rottweiler Herrenschießen von 1558 beschreibt der Chronist Lienhart Flexel ein Haus mit einer seltsamen weißen Fahne. Auf dieser Fahne *"staindt ain seltzsame sackhpfeuffen drann"* – im Hause aber findet er *"trey haimlich gmach"*, also drei Aborte vor.[85] 1587 wird in Leonberg gefordert, 3 Leute, die ihr Gabholz aus dem Stadtwald verkauft hatten, was sie nicht durften, *"warmbs Fuß in die Sackpfeife [zu] setzen"* – vermutlich in einen Gefängnisturm.[86] In Augsburg gab es in der Nähe des Radtores, *"bei der Sackpfeife"* in alter Zeit ein Bad. Auch hier handelte es sich vermutlich um einen Turm.[87] In Lindau hießen um 1620 zwei Geschütze *"Der Sackpfeiffer"*, und *"Der Baurentanz"*, und beim Brand des dortigen Zeughauses im Jahre 1720 wurde ein leichtes Feldgeschütz, ein Falconet, namens *"Dudelsack"* beschädigt.[88]

Zugewandert: der Polnische Bock

Dieser letztgenannte Beleg aus Lindau zeigt, daß der uns heute geläufigere Name allmählich Verbreitung findet. Schon 1662 soll aus Ravensburg von einem *"Dudelsackpfeifer"* die Rede sein.[89] Zugleich weisen diese Belege auf das sporadische Auftreten eines anderen, polnischen Sackpfeifentyps hin, der seit Ende des 16. bis zum Ende des 18. Jahrhunderts vor allem an den Fürstenhöfen Modeinstrument war, des sogenannten *Polnischen Bocks* oder *Dudeys*, wie er verschiedentlich auch genannt wurde. Frühe Schriftquellen nennen ihn häufig auch *Dudelsack*.[90] (Aus dem polnischen *"dudy"* = Sackpfeife, gesprochen etwa: *dude*, wurde, über Zwi-

POLNISCHER BOCK.

Ich bin ein schöner Mensch und kan so trefflich pfeiffen
auf den anmuthigen Bock, daß manchen übel wird;
auch! wie die Bären selbst ein Menset begreiffen,
Doch weil von vieler Müh der Hals gantz abgekirrt
so schenckt ihr Tantzende, die trotz den Bären springen
mir bald was in den Boek: so will ich lustig singe

schenformen wie *Dudey, Dudel, Polsche Dudel, Dudelbock*, durch Verbindung mit dem älteren Wort *"Sackpfeife"* ein *"Dudelsack"*, eine Wortverdopplung also). Seit 1642 ist dieses Wort belegt, vielleicht aber auch schon früher bekannt.[91] Bereits 1575, 1609 und 1616 werden bei der Beschreibung fürstlicher Aufzüge in Stuttgart auch *"Polnische Sackpfeifen"*, werden Sackpfeifen, *"so einem gantzen Bock gleich gesehen"* genannt.

Dieser *Polnische Bock* oder *Dudelsack* war eine Sackpfeife, die sich äußerlich von der herkömmlichen Sackpfeife unterschied durch aus großen gebogenen Tierhörnern bestehende Schalltrichter an den Pfeifen und einen aus einem ganzen Bocksfell, mit Kopf und Hörnern, bestehenden Luftsack, der häufig mittels eines umgeschnallten Blasebalges gefüllt wurde anstelle des üblichen Mundblasrohrs.
Über diesen Sackpfeifentyp ist aus Schwaben bisher erst wenig bekannt geworden. Er gehörte beispielsweise zu den Instrumenten, deren Spiel den Zinkenisten laut Württembergischer Zinkenistenordnung von 1721 bei zwei Gulden Strafe verboten war:

"Einundzwanzigstens: Soll keiner von dieser Profession, *er sey gleich Herr, Gesell, oder Jung sich unterstehen, bey Aufwartungen, Sackpfeiffen, Pohlnische Böck, Leyren, Triangel und dergleichen nicht* Musicalische Instrumenten *zu gebrauchen, im wiedrigen Fall und auf betretten von der* Musicalischen Cassa *um zwey Gulden gestraffet werden."*[92]

1737 wird erstmalig eine "Bockmusik" erwähnt, die von den am Stuttgarter Hofe angestellten "Haiducken" ausgeübt wurde. Sie bestand aus fünf Musikern und diente zur Unterhaltung bei Hoffesten auf dem Lande und wohl auch bei Tänzen im Freien. Die betreffenden Akten führen große und kleine "Bockpfeifen" an. Ob diese "Bockpfeifen" tatsächlich solche "Polnischen Böcke" waren, bedarf noch der Erforschung.[93] Dieses Modeinstrument muß aber einigermaßen verbreitet gewesen sein, denn Leopold Mozart kündigt 1755 zu Augsburg sein fünfsätziges Divertimento "Die Bauernhochzeit" mit den Worten an: "Es ist eine *Leyer* und ein *Dudlsack* oder *Pollnischerpock* darbey" und hat eher

Abbildung 19

"Polnischer Bock". Kupferstich aus "Musicalisches Theatrum", Nürnberg, bei Johann Christoph Weigel, um 1720. – Hier: aus der Auflage Nürnberg 1730, altkoloriert. – Der auf dem unkolorierten Stich erkennbare Blasebalg mitsamt dem Armriemen ist hier aus Unkenntnis oder Flüchtigkeit übermalt worden. Nürnberg, Germanisches Nationalmuseum, Inv. Nr. HB 25.630³, Kapsel 1281. Foto: Germanisches Nationalmuseum.

Sorge, keine Leier auftreiben zu können.[94] In einer handschriftlich überlieferten Schulkomödie aus Obermarchtal / Ehingen vom Jahre 1765 treten u. a. *"Ein bärentreiber aus Polen, mit einem Polnischen bockh"* sowie ein schwäbischer Spielmann mit einem Hackbrett auf.[95] Der *"edle Dudelsack* alias *polnische Bock"* wird auch von Ignaz Franz Xaver Kürzinger, Kapellmeister im fränkischen Mergentheim, in seiner 1763 zu Augsburg erschienenen Gesangs- und Violinschule genannt.[96] Mit "Dudelsack" scheint demnach tatsächlich ursprünglich nur der Polnische Bock bezeichnet worden zu sein. Zumindest als Kupferstichvorlage ist der Polnische Bock auch bis nach Schaffhausen gekommen: Eine Intarsie in der dortigen Gerberstube zeigt einen solchen Bockpfeifer, der erkennbar nach Weigels Stich gearbeitet wurde.[97] Als Gegensatz zum Polnischen Bock hat J. Chr. Weigel im übrigen auf einem weiteren Stich seines Musikalischen Theatrums die *"Sack-Pfeiffe"* dargestellt.

Das neue Wort "Dudelsack" machte rasch Karriere. Es scheint recht früh auch auf die einheimische Sackpfeife übertragen worden zu sein, und dies führt zu einer schwierigen Quellenlage, zumal seitens der Gebildeten der Polnische Bock durchaus auch als Sackpfeife bezeichnet wurde, was sachlich ja auch richtig ist. Im 18. Jahrhundert ist darum nicht mehr sicher, welches der beiden Instrumente denn bei der Erwähnung von "Sackpfeife" bzw. "Dudelsack" jeweils gemeint ist. So ist von Bayern über Schwaben bis ins Elsaß und die Schweiz seit etwa Mitte des 18. Jhdts. ein volkstümliches Lied verbreitet: *"Was braucht man auf eim Bauredorf?"* In der Ostracher Liederhandschrift (um 1750) ist eine schwäbische Variante enthalten.[98] In einer Strophe heißt es dort:

*"...en Hirt, der wacker blast,
a Kirch, die d'Leit all faßt,
a Leier und an Dudelsack,
en gute Rauch- und Schnupftabak."*

– wobei hier mit dem "Dudelsack" sowohl die alte Sackpfeife, als auch, wie bei Leopold Mozart, der "Polnische Bock" gemeint sein könnte. In der "Baurenhochzeit" des Obermarchtaler Paters Sebastian Sailer (1744 – 1777) wird "Dudelsack" offensichtlich aber als Bezeichnung für die alte einheimische Sackpfeife benutzt, die traditionell ja zusammen mit einer Schalmei gespielt wurde. Da heißt es:

*"Knode Hans schreyt überlaut:
s'kommt dear Bräuckel und dia Braut.
d'Buaba deand äll Juhe schreya:
dia Schallmeya
g'waltig überei mit stimmt,
Hans da Dudelsack brav klimmt."*[99]

Man darf annehmen, daß Pater Sailer bei diesem Vers noch die herkömmliche Besetzung von Schalmei und einheimischer *Sackpfeife* vor Augen (und in den Ohren) hatte.

Der Nördlinger Organist Johann Caspar Simon (1701 – 1776) spielt in seinem *"Musicalischen A. B. C. ... denen Anfängern auf der Orgel ... entworfen ..."* (Augsburg 1754) auch auf einen volkstümlichen Tanz (?) namens *"Leyrers Bläsel"* an, der seinen Namen vielleicht von der Sackpfeife (Sackpfeife = Blase?) hat, deren Spiel oft mit einem die Drehleier nachahmenden schallmalenden Wort als "Lirum Lerum" bezeichnet wurde[100], – vielleicht aber auch tatsächlich von der Drehleier, dem der Sackpfeife verwandten Bordoninstrument:

"Ich habe durch viel und langes Informiren wohl erfahren, wie schwehr es hält, die Jugend zum Präludiren auf der Orgel zu bringen. Der Kopf ist noch leer von Fantasien; die Kraft ist noch nich da, etwas gehörig zusammen zu setzen; mithin kommt gemeiniglich elendes Zeug heraus. Ja, daß ich nichts sage von den Schulmeistern auf dem Land, (zumahl in unserm Schwaben) da oft ein Leyrers-Bläsel, Küh-Hirt, ein Alt-Fränckisches Menuet oder Courante die besten und jährlichen Dienste zum Aus- und Eingang thun muß." [101]

Auch Johann Friedrich Spörer, Pfarrer zu Rechenberg in Franken (1. Hälfte des 18. Jhdts.), nennt diesen Tanz in einer derben Kirchweihpredigt:

"...da ist der Karporal und Waagenmeister kommen, hat den Bauern die weiß = und rothen Wüllen = Hemder ausgestäubt, da tanzt Caspar, Balthas, Nickel, Melcher, Jörg, der häselne Stock kann dir den Leirers Bläßle fiedeln." [102]

Selbst wenn dieser *"Leirers Bläsle"* ein Drehleierstück gewesen sein sollte, wäre es als echtes altes Bordunstück mindestens ebenso interessant und wohl auch auf der Sackpfeife spielbar.

Nichtseßhafte Sackpfeifer

Erwähnt werden müssen schließlich noch die Nichtseßhaften, die Bettlerscharen und vagabundierenden Banden, die in Folge der durch Kriege und daraus resultierender Verwüstung ganzer Landstriche hervorgerufenen Not in großer Zahl das Land durchstreiften, wie auch die entlassenen Soldaten. Auch hierunter finden sich Sackpfeifer. Im 'Bettel und Garte Teuffel' des Ambrosius Pape aus Magdeburg, 1587 zu Frankfurt a. M. erschienen, wird diese Randgruppe der Gesellschaft recht drastisch beschrieben:

"Die nehesten nach diesen [Bettlern] *sind die jungen Strotzer vnd starcken Schelmen / die nicht erbeiten wöllen / sondern lust vnnd liebe haben mit jungen Weibesstücken / gemeinen Huren / vnnd garstigen Säcken sich zu schleppen / welche wenn sie nicht auff die Betteley mehr / oder so viel bekommen künnen / als sie wöllen / vnd sie sonst ir gelegenheit mercken / so fahen sie an zu stelen / rauben vnd zu morden / auff end vnd wege / da sie können vnnd mügen. Diesen sind verwand / die Leyrer / Geigeler vnd Sackpfeifer / welch vmb kein Almosen bitten / sondern einen Psalm / oder Liedlein daher klingen lassen / vnd was sie damit samlen / verspielen / versauffen vnd mit jren Madunnen verzehren / vnd alle büberey mit treiben helffen."* [103]

Gegen Ende des 16. Jahrhunderts, in den 1570er Jahren, sind unter den im württembergischen Franken festgenommenen Übeltätern auch Sackpfeifer.[104] Bekannt ist, daß man sich in diesen Kreisen geheimer Zeichen, sogenannter Zinken, bediente, die, an Häusern, Bäumen und Wegscheiden angebracht, Warnungen oder Empfehlungen darstellten. Eine solche Sammlung Gaunerzinken hat der Zürcher Johann Jakob Wick 1577 in seine Sammlung zeitgenössischer Nachrichten übernommen.[105]

Leider fehlt die Entschlüsselung dieser Zeichen, die ihm bzw. seinem Gewährsmann aber wohl auch niemand der Eingeweihten verraten hätte. Ohne Mühe erkennbar ist eine Sackpfeife. Sie könnte bedeutet haben, daß man in dem betreffenden Anwesen mit Musik sein Glück machen konnte und Almosen bekam oder Essen. Die Sackpfeife galt allerdings auch als erotisches Symbol und dieses Zeichen könnte somit auch auf Gaben anderer Art hingewiesen haben. Natürlich sind auch andere Deutungen möglich, etwa, daß diese Sackpfeife eine Warnung vor dem Gefängnis, vor dem Turm war. Auf Seite 33 lasen wir ja bereits von solchen "Sackpfeife" genannten Orten bzw. Türmen.

Bis in das 19. Jahrhundert hinein sind in Schwaben, in Baden und am Oberrhein solche umherziehenden Bettler, fahrende Musikanten und andere nichtseßhafte Gewerbetreibende gerichtsnotorisch bekannt. Zahlreiche Erlasse künden von den Versuchen der Landesherren, dieses enormen sozialen Problems Herr zu werden und diese Leute möglichst außer Landes haben und halten zu wollen, oft unter dem Vorwand, die eigenen Gewerbetreibenden vor Konkurrenz schützen oder Seuchen nicht ins Land eingeschleppt bekommen zu wollen.[106]

Ausdrücklich genannt werden Sackpfeifer, Leyrer und Hackbrettler aber erst im 18. Jahrhundert. Das Jauner-Patent des Schwäbischen Kreises aus Ulm 1736 etwa legte fest:

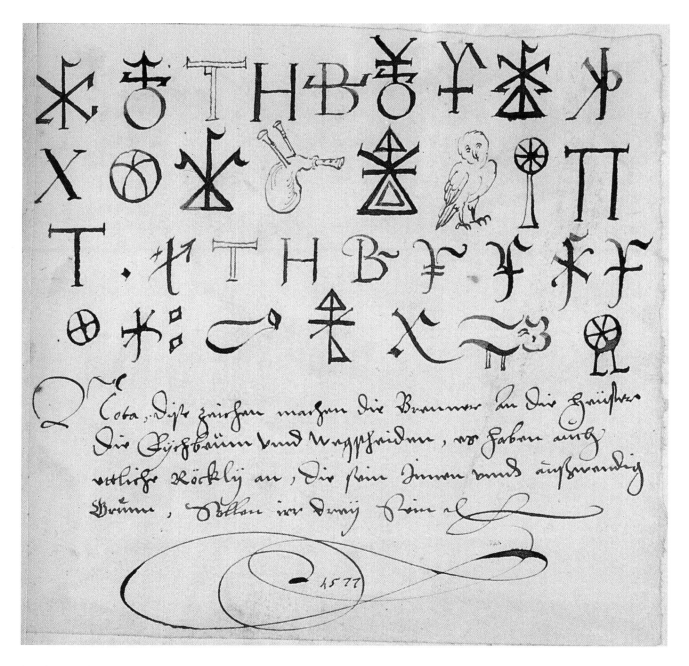

Abbildung 20

Gaunerzeichen. Aus dem 15. Sammelband der Wickiana, von 1577, des Zürchers Johann Jakob Wick. Die Beischrift lautet: *"Nota. Disse zeichen machen die Brenner an die häusser, die Eychbaüm unnd Wegscheiden, es haben auch ettliche Röckly an, die sein innen unnd ausswendig brunn, sollen irr drey sein etc. 1577."* Zürich, Zentralbibliothek, Ms. F 26, fol. 31r. Foto: Zentralbibliothek Zürich.

"Sollten sich ausländische Bettler und Vaganten, (...), Deserteurs und abgedankte Soldaten (...) gedruckte Lieder und dergleichen herum tragen, und unter diesem Schein eigentlich betteln, hauptsächlich auch die schändlichen Lieder absingen, fahrende Schüler, Leyrer, Sack- und andere Pfeiffer, Hackbrettler,"

nach Verlassen wieder in das Gebiet des Schwäbischen Kreises zurückbegeben, sollen sie in ein *"Zucht = Haus"* gebracht oder *"scharff gezüchtigt"* werden[107]...

Das 'General = Rescript, Maßregeln gegen Bettler und Vaganten betreffend', vom 7. Februar 1747, zu Stuttgart herausgegeben, empfiehlt eine Festsetzung und Ausweisung verschiedener, merkwürdigste Gewerbe treibender Leute und

"[sich] noch im Land befindender fremder und einheimischer Vaganten und Bettler, Landstreicher, Deserteurs, Leyrer, Hackbrettler, Sackpfeifer und dergleichen herumziehenden Spielleute,(...)." [108]

Kein Contribution, kein Fronen noch Quartier,
Trückt einen Bauren so, das Ungezämbte Thier;
Als diese Spielleüth Ihn ergötzen. Kurz! Jch sag:
Daß dieses quintle Lust heb Ihre Centner plag.

Wan die pfeiff- und Leyer tönen so vermeint der Bauershauff,
Vor begierde zu dem Tantze, als gieng Ihm der Himel auff.

Wan eine iede Hur müßt ein...
So wüßt Jch kein gew...
Es trüa...

Fast identisch im Wortlaut ist die betreffende Passage in der im gleichen Jahre vom Markgrafen Karl Friedrich von Baden-Durlach herausgegebenen entsprechenden Verordnung:

"Vaganten und Bettler, Landstreicher und Deserteurs, Sack-Pfeiffer und dergleichen herumziehende Spiel-Leute (...)" [109]

Solche *"herumziehende Spiel-Leute"* – mit Drehleier, Sackpfeife und Schalmei – waren es vermutlich auch, die der Köngener Pfarrer Daniel Pfisterer in seinem 1716 begonnenen Zeichenbuch festgehalten hat. Zu einer Zeit, da Musik noch nicht jederzeit und aller Welt per Knopfdruck verfügbar war, müssen solche Spielleute eine enorme Anziehungskraft auf die Bevölkerung gehabt haben, zumal auf dem Lande, wie aus dem Kommentar Pfisterers zu seiner Zeichnung ersichtlich ist.

In seinen Memoiren beschreibt Karl Heinrich Ritter von Lang (1764 – 1835) die Scharen von Bettlern und Jaunern, die er als Kind noch vor das elterliche Pfarrhaus im Öttingischen Trochtelfingen ziehen sah, und die im benachbarten heruntergekommenen Dorf Flochberg gewöhnlich Unterschlupf fanden. Unter ihnen beobachtete er

"große Buben mit Hausrat und Dingen auf dem Karren und im Schnappsack, denen es durchaus an den Ursprungszeugnissen ermangelte, dazu noch mit Dudelsack, Pfeifen und Geigen behangen ..."

und erinnert sich:

"Hinter der nächsten Hecke wurde Lager gemacht, Hunde und Menschen tanzten am Ende bei der Fiedel und Sackpfeife; man schlief im Mondenschein oder forderte den Bauern hervor, daß er seine Scheunen öffne." [110]

Ausklang

Gegen Ende des 18. Jhdts. setzt der Niedergang der Sackpfeife ein. Sie scheint aufgrund ihrer musikalischen Eigenarten in einer Welt mit rasch sich veränderndem Musikgeschmack keinen allgemeinen Anklang mehr gefunden zu haben. Nur mehr vereinzelte

Abbildung 21

Spielleute mit Drehleier, Sackpfeife und Pommer (Schalmei). Aus dem 1716 begonnenen Zeichenbuch des Köngener Pfarrers Daniel Pfisterer (Stuttgart 1651 – Köngen 1728). Stuttgart, Württembergisches Landesmuseum, Inv. Nr. VK 1979-31. Foto: Württembergisches Landesmuseum.

Abbildung 22

Pflug, Johann Baptist, inv.: Die Hochzeit-Procession. Blatt 1 aus einer Serie von 12 Darstellungen württembergischer (schwäbischer) Bräuche. Sackpfeife und Geige. Erste Jahrzehnte des 19. Jhdts. (1820?) Blattgröße 11 x 6.5 cm. Nürnberg, Germanisches Nationalmuseum, Graphische Sammlung. Inv. Nr. HB 25538[1] Kapsel 1210. Foto: Germanisches Nationalmuseum.

Abbildungen zeigen sie noch, so z. B. der Stich 'Hochzeitsprozession', vermutlich aus der Baar, nach Joh. Baptist Pflug, aber es ist nicht auszuschließen, daß es sich bei diesem Stich bereits um eine romantisch-verklärende Rückschau handelt, um eine Idylle.

Für Südostschwaben ist die Sackpfeife noch für 1787 belegt: Ziffer 51 der Polizeiordnung der Herrschaft Wellenburg (heute eingemeindet in Augsburg) besagt, daß bei Hochzeiten nicht mehr als 50 Personen und nur ein Schalmeispieler und ein Sackpfeifer anwesend sein durften.[111] Auch in der Volkskunst dieser Zeit finden sich noch Sackpfeifen dargestellt.

Auf der badischen Seite des Schwarzwaldes wurde die Sackpfeife noch Ende des 18. Jh. / Anfang des 19. Jh. gespielt: 1793, den 30. Juli morgens 4 Uhr verschied Jacob Hils, Weber und Tagelöhner, *"an Brust- und Lun-*

genkrankheit mit Husten und Blutausspeien, vom Pfeifen und Dudelsakblasen", wie der Eintrag in das Totenbuch der Gemeinde Buchenberg bei St. Georgen im Schwarzwald lautet.[112]

Über den vier Jahre jüngeren Bruder, Johannes Hils, vermerkt das Kirchenbuch Buchenberg: *"Weber, lediger Vagabund, der zwar hierher gehört, sich aber selten sehen läßt, sondern mit einem Dudelsack auf dem Wald (Schwarzwald) herumzieht."* Johannes Hils ist am 8. 1. 1817 in Mühlenbach verstorben und dort auch begraben.[113]

Ein letztes Refugium hatte die Sackpfeife u.a. beim traditionellen Markgröninger Schäferlauf. Auf einem Holzschnitt von 1862 spielt bei der Festmusik ein Musiker noch eine Sackpfeife mit den traditionellen zwei Bordunpfeifen, wenn auch hier, wie meistens auf Abbildungen des 19. Jhdts., das Mundblasrohr zum Auffüllen des Luftsacks als Teil der Melodiepfeife mißverstanden dargestellt wurde.[114] (Zu Markgröningen siehe auch den Beitrag von M. Stingel.)

Waren seit der Mitte des 16. bis gegen Ende des 18. Jahrhunderts schon polnische Sackpfeifer westwärts durch Deutschland unterwegs, so erschienen ab Ende des 18. Jahrhunderts erneut fremde Sackpfeifer, diesmal aus Italien. Spuren haben sie unter anderem in den Weihnachtskrippen hinterlassen, nämlich bei den oft merkwürdig aussehenden Sackpfeifen der Hirten. Bis in die 30er Jahre unseres Jahrhunderts durchwanderten diese *Zampognari* Europa bis hinauf nach Irland und Schweden. Pittoresk, wie sie aussahen, war Ihnen die Aufmerksamkeit der Künstler und frühen Fotografen sicher. Den letzten Sackpfeifern Schwabens wurde diese Aufmerksamkeit nicht zuteil.

Wann genau der letzte in ungebrochener Tradition, also auf althergebrachtem Instrument spielende Sackpfeifer Schwabens starb, ist nicht bekannt. Es ist nicht einmal auszuschließen, daß dies erst in unserem Jahrhundert geschah: Ein Foto vom Jahre 1900 zeigt unter Markgröninger Musikanten den "Dudelsackbläser" Fischer. Das Foto ist leider verwackelt, das Instrument unscharf. Es läßt sich dennoch erkennen, daß es keine schottische Sackpfeife ist. Noch um 1926 spielte in Langenau, Weiler Hörvelsingen, zwischen Ulm und Heidenheim, ein alter Schäfer Sackpfeife. Waren dies etwa noch alte schwäbische Sackpfeifen, die letzten bis in unsere Zeit hinübergekommenen? So unwahrscheinlich es klingt: nicht eine einzige dieser alten Sackpfeifen scheint die Zeiten überdauert zu haben. Kein Forscher scheint die letzten Sackpfeifer aufgesucht, ihre Instrumente vermessen, gezeichnet, Fotos gemacht, Lebensbeschreibungen angefertigt oder Spielrepertoires festgehalten zu haben. Umfassende und gründliche Recherchen in Museen, Archiven und privaten Sammlungen könnten aber durchaus noch erstaunliche Funde zutage fördern. Selbst Umfragen hätten noch Sinn.

So konnte sich in Althengstett bei Calw Herr Alfred Kranzleiter, der als kleiner Junge mit seinen Eltern von der Alb zugezogen war, gut daran erinnern, daß er damals immer die Sackpfeife des Großvaters hatte ausprobieren wollen:

"Uf dr Behne ischt dia Sackpfeif vom Ähne ghanget. Älleweil haune en dia Pfeif neiblosa ond spiela wella, aber mei Muater hot jedesmol gsait Bua las gau, da kriagscht d Longasucht" [115]

Herrn Kranzleiters Vorfahren kamen aus dem Steirischen/Salzkammergut über das Neuffener Tal auf die Schwäbische Alb, wo es heute in Frickenhausen, Beuren, Tischard noch Kranzleiters gibt. Der "Ähne" war kein Schäfer, war aber auch nicht weit gereist, so daß die Sackpfeife hätte ein Reiseandenken sein können. An fremde durchreisende Musikanten, die eine solche Sackpfeife hätten verpfänden können, konnte sich Herr Kranzleiter nicht erinnern, wohl daß auf der Bühne auch Geißenglöckchen unbekannter Herkunft hingen. Gehörten sie wie die Sackpfeife ehemals einem Hirten? Herr Kranzleiter konnte sich erstaunlich gut an dieses Instrument erinnern: eine recht kleine Sackpfeife war es, mit einer etwa einem Fuß langen Spielpfeife und zwei kurzen Bordunpfeifen. Über den Verbleib des Instrumentes konnte leider nichts mehr ermittelt werden.[116]

Die Brauchtumspflege ist über dieses Abbrechen einer jahrhundertealten Tradition mit einem Achselzucken hinweggegangen. War das Spiel dieses Instrumentes nicht "pflegewürdig"? Bestimmten, wie so oft, selbsternannte Gralshüter, was "echte" schwäbische Kultur, was "erhaltenswert" war? Die Wissenschaft scheint das Verschwinden dieses Instrumentes noch nicht einmal wahrgenommen zu haben. Einheimische Sackpfeifen - aus den Augen (Ohren), aus dem Sinn? Zu den letzten Spuren gehört ein merkwürdiger Aberglauben, den Georg Thierer Anfang dieses Jahrhunderts in Gussenstadt auf der Schwäbischen Alb aufzeichnete: *"Wenn Dudelsackpfeifer kommen, gibt's Krieg."* – Zitat aus einem älteren Buch oder überlieferte Erfahrung?[117]

Verschiedene Redensarten zu *"Dudelsack"*, aus dem

Abbildung 23

Wandernder italienischer Sackpfeifer ("Zampognaro") in Schöntal/Jagst, fotografiert etwa um 1900 vom Schöntaler Apotheker Carl d'Alleux. Archiv Peter Holch, Schöntal.

Volksmund aufgezeichnet und ins Schwäbische Wörterbuch aufgenommen, gehören ebenso dazu.[118]

Eine Abbildung von 1871, ebenfalls vom Markgröninger Schäferlauf, zeigt bereits eine merkwürdige Sackpfeife mit einer unüblichen, befremdlich langen Melodiepfeife und drei Begleitpfeifen. Ein solches Instrument (das nämliche?) ist auch bei einem Markgröninger Musikanten auf einer Postkarte von 1910 zu sehen. Schottischer und italienischer Einfluß ist hier erkennbar, und die Experimentierfreude eines Instrumentenbauers oder der Sonderwunsch eines Pfeifers. Vermutlich war dies auch das Instrument, von dem Adolf Seifert schreibt, daß es – das *"alte Instrument"* – leider unbrauchbar geworden war und verlorenging, und, daß seit einigen Jahren ein moderner schottischer Dudelsack verwendet werde.[119]

Die Einführung einer Sackpfeife aus einer anderen Region Europas zeigt nur zu deutlich, wie es um die einheimische Sackpfeife bestellt gewesen sein muß. Offensichtlich war das *"alte Instrument"* bereits eine Art Markgröninger Reliquie. Als es unbrauchbar wurde, gab es hierzulande wohl kaum noch spielbare Instrumente und wohl längst schon keinen Sackpfeifenbauer mehr. Unter diesen Umständen lag es sicherlich nahe, schon aus praktischen Gründen, auf die weithin bekannte (und lieferbare!) schottische Sackpfeife als Notbehelf zurückzugreifen. Vielleicht wurde diese Sackpfeife dann aber auch ihrer größeren Popularität wegen anderen vorgezogen, wie es auch in anderen Regionen Europas, etwa der Bretagne geschah. Zumindest, und das sei hier vor jedwede Kritik gestellt, ging damit die Erinnerung an die Sackpfeife als traditionelles Musikinstrument schwäbischer Schäfer nicht völlig verloren.

Neue Ansätze

Seit etlichen Jahren gibt es nun schon wieder versierte Sackpfeifenbauer auch im eigenen Lande, die sich, angeregt von den Arbeiten des Sackpfeifenpioniers Tibor Ehlers, erfolgreich mit der Rekonstruktion einheimischer Sackpfeifen nach alten Bildvorlagen und Beschreibungen befaßt haben. Sie stellen einwandfreie, gut spielbare Instrumente her, auf die nun zurückgegriffen werden kann bei der Wiederaufnahme einer Jahrhunderte alten einheimischen Tradition: dem Spiel auf der Sackpfeife, einem urschwäbischen Volksmusikinstrumente.

Ob die von alters her dazugehörige Schalmei von heutigen Pfeifern ebenso wiederentdeckt und gespielt werden wird, ist eine offene Frage. Hier wären die Voraussetzungen weitaus günstiger als bei der Sackpfeife, denn diese Instrumente sind in zahlreichen Instrumentensammlungen vertreten und werden von mehreren Windinstrumentenmachern als exakte Kopien nachgebaut. Wer je Sackpfeifen im Zusammenspiel mit einer Schalmei gehört hat, kann sich die Wiederbelebung dieses Ensemblespiels für die schwäbische Volksmusik nur wünschen.

Abbildung 24

Meister Hans von Weinsberg, genannt Hans Schweiner: Fries mit stilisierten Musikinstrumenten am Oktogon des 1529 fertiggestellten Turmes der Kilianskirche zu Heilbronn. Detail: Sackpfeifen. Der Turm der Kilianskirche zählt zu den ungewöhnlichsten Bauwerken der deutschen Renaissance. Foto: Stadtarchiv Heilbronn.

Nachträge

Zu Seite 16:

Unter den reichsstädtischen Ulmer Spielleuten befanden sich Anfang des 15. Jh. offensichtlich auch Sackpfeifer: 1404 wird ein *"Hans pfifer mit dem sack"* erwähnt. Da 1410 ein anderer Pfeifer *"Ulrich pfifer mit dem bumhard oder schreiend pfeifen"* genannt wird, ist anzunehmen, daß mit dem *"sack"* die Sackpfeife gemeint ist.[120]

Zu Seite 32 / 35:

Einen fahrenden Sackpfeifer und Geiger von zweifelhaftem Ruf hat uns die Oberdischinger Diebsliste vom Jahre 1799 namentlich und mit einer Beschreibung seines Aussehens überliefert:

"722. Geiger Toni, ein Bockpfeifer aus der Pfalz, 31 Jahre alt, grosser, dicker Postur, langlecht bleichen Angesichts, schwarzbrauner Haare und Barts, ist auch wohl blattersteppicht, redet Schwäbisch, ist ein Spielmann, auch schon mit dem schwarzen Zigeuner Seppel gegangen, und in der Schweiz zu Arbon im Arrest gelegen, allda aber mit einer Tracht Schläge entlassen worden, dieser ist ein Sacklanger." (Taschendieb).[121]

Anmerkungen:

[1] vergl. Raupp, Hans-Joachim, Bauernsatiren. Entstehung u. Entwicklung des bäuerlichen Genres in der deutschen u. niederländischen Kunst ca. 1470 – 1570. Niederzier 1986.

[2] Brant, Sebastian, Narrenschiff. Basel 1494, Kapitel 54 "von vngedult der straff". Vergl. Sebastian Brant, das Narrenschiff. Nach der Erstausgabe (Basel 1494) mit den Zusätzen der Ausgaben von 1495 und 1499 sowie den Holzschnitten der deutschen Originalausgaben. Hrsgg. Von Manfred Lemmer. 2. erw. Auflage, Tübingen 1968.

[3] Vergl. Eschweiler, Jakob: Das Konstanzer Chorgestühl. Aufn. v. Martin R. Hamacher, Friedrichshafen 1949. Frdl. Hinweis U. Henning, Ludwigsburg.

[4] Zimmerische Chronik. Hrsg. von Dr. K. A. Barack, Tübingen 1869, Bd. II, S. 374 und 389/390. (Bibl. d. Litt. Ver. zu Stuttgart, Bd. 91).

[5] zu Hofnarren: Mezger, Werner, Hofnarren im Mittelalter. Vom tieferen Sinn eines seltsamen Amtes. Konstanz 1981.

[6] Vergl. Mitteilungen der k.k. Central-Comission zur Erforschung und Erhaltung der Kunst- und historischen Denkmale (Hrsg. Josef Alexander Freiherr von Helfert), Neue Folge XXVIII, Wien 1902, S. 52/53, Abb. 3; Disertori, Benvenuto, La musica nei quadri antichi, Trento 1978, S. 128/129 mit Abb., sowie Carlini, Antonio – Lunelli, Clemente, Dizionario dei musiciste nel Trentino. Trento 1992, S. 320 zu "Unerdorbin".

[7] Sittard, Josef, Zur Geschichte der Musik und des Theaters am Württembergischen Hofe, Stuttgart 1890, Bd. I, S. 2/3.

[8] Salmen, Walter, Der Spielmann im Mittelalter. Innsbrucker Beiträge zur Musikwissenschaft, hrsg. von W. Salmen, Bd. 8, Innsbruck 1983, S. 133. Frdl. Hinweis H. Steger, Wallerstein.

[9] Stadtarchiv Nördlingen, Stadtkammerrechnungen 1495, fol. 48r. Frdl. Hinweis durch H. Steger, Wallerstein. – Für frdl. Auskunft zur Währungseinheit danke ich Herrn Dr. Voges, Stadtarchiv Nördlingen. (Montfort: Herrschaft Argen; Langenargen).

[10] Zimmerische Chronik, wie Anm. 4, Bd. II, S. 158.

[11] Schmid, Ernst Fritz, Musik an den schwäbischen Zollernhöfen der Renaissance, Kassel/Basel 1962, S. 23. – Frdl. Hinweis B. Büchele, Ratzenried.

[12] Spangenberg, Cyriacus, Adelsspiegel: Ander Theil des Adelspiegels. Was Adel mache / befördere / ziere / vermehre / vnd erhalte: Vnd hinwider schwäche / verstelle / vnd verringere. (...) Durch M. Cyriacum Spangenbergk. Schmalkalden 1594. Das Dreyzehende Buch. Das Drey vnd Achtzigste Capittel, fol. 456v.

[13] Zimmerische Chronik, wie Anm. 4, Bd. III, S. 324.

[14] Bossert, Gustav, Die Hofkapelle unter Eberhard III 1628 – 1657, in: Württ. Vierteljahreshefte f. Landesgeschichte, Neue Folge XXI Jg., Stuttgart 1912, S. 120; sowie: Mr. (= Dekan Mayer), Zur Sittengeschichte des 16. Jahrhunderts. Aus Policei- und anderen Akten der Grafschaft Weikersheim, in: Wirtembergisch Franken, Zschr. d. Histor. Ver. f. d. wirtembergische Franken, Bd. 8, Heft 1, Jg. 1868, Weinsberg.

[15] Frischlin, Nicodemus, Sieben Bücher / Von der Fürstlichen Würtembergischen Hochzeit / (...) Erstlich in Latein beschrib / Durch Nicodemum Frischlinum P.L. vnd Professorn zu Tübingen. Jetzund aber von newem auß dem Latein in Teutsch Vers oder Reimen transferirt / Durch Carolum Christophorum Beyerum von Speir. (...) Tübingen 1578, Das III. Buch, S. 174 f.

[16] wie Anm. 15, Das II. Buch, S. 95. Sackpfeifen sind im lateinischen Original bei dieser Stelle n i c h t genannt! Beyer scheint die Velbergischen Pfeifer aus eigener Anschauung gekannt zu haben.

[17] Wie Anm. 12, Das Dreyzehende Buch, Das Sechstigste Capittel, fol. 425v.

[18] Herlicius, E., Musicomastix. Eine Comedia von dem Music Feinde. Von Elias Herlitz aus Zeitz. Weiland Organist in Stralsund. Alten Stettin 1606. Faks., hrsg. von Hans Engel, Kassel 1937.

[19] Praetorius, Michael, Syntagma Musicum, Tom. II, De Organographia, Wolfenbüttel 1619, S. 70. Faks. Kassel 1958.

[20] Fischart, Johann, Ein Artliches lob der Lauten (1572). Abgedruckt in: Deutsche National-Litteratur. Historisch kritische Ausgabe. Hrsg. v. Joseph Kürschner. 18. Bd. 1. Teil. Stuttgart 1897, S. 355 ff, hier: S. 367.

[21] Brant, Sebastian, wie Anm. 2, Kapitel 54, Motto zum Holzschnitt mit dem Sackpfeifennarren.

[22] Zu Marx Walther: von Stetten, Paul d. j., Lebensbeschreibungen zur Erweckung und Unterhaltung bürgerlicher Tugend. Zweyte Sammlung, Augsburg 1782, S. 51 ff. (Turnierbeschreibung auf S. 64).

[23] Fürstlich Öttingisch-Spielbergisches Archiv Harburg, FÖSAH, KI, RV, F 14, Nr. 2. Frdl. Hinweis durch H. Steger, Wallerstein.

[24] Zimmerische Chronik, wie Anm. 4, Bd. IV, S. 154.

[25] Schmid, Ernst Fritz, wie Anm. 11, S. 420.

[26] Schmid, Ernst Fritz, wie Anm. 11, S. 610.

[27] Schmid, Ernst Fritz, wie Anm. 11, S. 167.

[28] Schmid, Ernst Fritz, wie Anm. 11, S. 611.

[29] Schmid, Ernst Fritz, wie Anm. 11, S. 612. – Die beiden letzten

[29] Zitate konnten im Staatsarchiv Sigmaringen, das auch das Fürstlich Hohenzollernsche Archiv betreut, mit den bei Schmid angegebenen Quellenangaben leider nicht aufgefunden und darum nicht in ausführlicherem Zusammenhang zitiert werden.

[30] Fürstlich Öttingisch-Wallerstein'sches Archiv Harburg FÖWAH VI, 17. 3. 1618. – Frdl. Hinweis v. H. Steger, Wallerstein.

[31] Buck, Ausgehobene Sätze aus den alten Aulendorfer Strafprotokollen, in: Ulm Oberschwaben. Korrespondenzblatt d. Vereins f. Kunst u. Alterthum in Ulm u. Oberschwaben. 2. Jg. Nr. 2, 1877, S. 11 ff. – Für die Präzisierung dieser im Schwäb. Wörterbuch ungenau angegebenen Quelle danke ich Herrn Hasenmeile, Aulendorf.

[32] Betzweiler-Wälde. Ein Heimatbuch. Bearbeitet von Karl-Martin Hummel 1975. Hrsgg. Von der Gemeindeverwaltung Betzweiler-Wälde, S. 110/111. – Frdl. Hinweis v. H. Moßmann, Schuttertal / Tibor Ehlers, Betzweiler-Wälde.

[33] Aus dem Urkundenarchiv von Langenstein. Aus: Gräflich Douglas'sches Archiv auf Schloß Langenstein (Amt Stockach), geordnet und verzeichnet von Dr. Otto Stowasser in Wien, in: Mitteilungen der Badischen Historischen Kommission Nr. 35, 1913 (Im Inhaltsverz.: Nr. 34!), beigeheftet der: "Zeitschrift f. d. Geschichte d. Oberrheins" hrsg. v. d. Bad. Hist. Komission. Neue Folge Bd. XXVIII (der ganzen Reihe 67. Band), Heidelberg 1913.

[34] Vergl. hierzu: Südwestpresse, Horber Chronik, Sa. 16. Juni 1984, sowie Südwestpresse, Sa. 4. Juni 1994. – Für den Hinweis auf diese außerordentlich interessante Bildquelle danke ich Tibor Ehlers herzlich, ebenso Herrn Norbert Geßler, Empfingen, der freundlicherweise alte Presseberichte nebst einem Pressefoto für dieses Buch zur Verfügung stellte.

[35] Ein Hexenprozeß zu Freudenstadt aus dem 17. Jh. Mitgeteilt von Dr. Zingeler. In: Württembergische Vierteljahreshefte für Landesgeschichte, Jg. IX 1886 (Stuttgart 1887), S. 148.

[36] Zu den Esslinger Hexenprozessen siehe: Jerouschek, Günter, Die Hexen und ihr Prozeß. Die Hexenverfolgung in der Reichsstadt Esslingen. Esslinger Studien Schriftenreihe Band 11, Stadtarchiv Esslingen a. Neckar 1992, sowie: Pfaff, Karl, Die Hexenprocesse zu Eßlingen im sechszehenten und siebenzehenten Jahrhundert, in: Zeitschr. f. deutsche Kulturgeschichte, hrsg. v. J. Müller / J. Falke, Nürnberg 1856, 1. Jg., S. 253 ff. u. Forts.

[37] Stadtarchiv Esslingen a. N., Bestand Reichsstadt, Fasz. 50/28. Bei Jerouschek S. 122 verkürzte Wiedergabe.

[38] Stadtarchiv Esslingen a. N., Bestand Reichsstadt, Fasz. 52/8 (Frage Nr. 50) und Fasz. 51/11 (Antwort).

[39] Stadtarchiv Esslingen a. N., Bestand Reichsstadt, Fasz. 51/14. – Vergl. Jerouschek, op. cit., S. 175 (dort verkürzt zitiert).

[40] Stadtarchiv Esslingen a. N., Bestand Reichsstadt, Fasz. 52/4. – Für frdl. Hilfe bei der Entzifferung einiger schwer lesbarer Wörter der Originalprotokolle (Anm. 37 – 40) und für frdl. Durchsicht meiner Übertragungen danke ich Frau U. Rojnica, Stadtarchiv Esslingen a. N.

[41] Vergl. Auge, Oliver, Hexenwerk u. Zauberei. Der Umgang mit dem Delikt der Hexerei im württ. Amt Göppingen (1562 – 1755), in: Hohenstaufen Helfenstein. Hist. Jahrb. f. d. Kreis Göppingen, Bd. 5/1995. Weissenhorn 1995. Hrsg. W. Ziegler. Auf diese Quelle machten mich Herr Kreisarchivar W. Ziegler u. Herr Kreisarchäologe W. Lang dankenswerterweise aufmerksam.

[42] Wangner, B., Hexenprozesse aus den Jahren 1635 – 1636. Löffingen-Blumberg, in: Oberdeutsche Zeitschrift für Volkskunde, Schriftleiter: Eugen Fehrle. Bühl-Baden, 9. Jg. 1935, 2./3. Heft, S. 105.

[43] Wie Anm. 42, S. 106.

[44] Kopp, Thomas, Kinzigtäler Hexen, in: Die Ortenau, Veröffentlichungen des Historischen Vereins für Mittelbaden. 70. Jahresband, Offenburg 1990, S. 218. – Frdl. Hinweis durch H. Moßmann, Schuttertal; für frdl. Hilfe danke ich Frau Archivarin A. Ehret, Stadtarchiv Zell a.H.

[45] Frischlin, Nic., Sieben Bücher... wie Anm. 15, IV. Buch, S. 240.

[46] dass., VI. Buch, S. 385.

[47] dass., VI. Buch, S. 389.

[48] dass., VI. Buch, S. 390.

[49] dass., VII. Buch, S. 404.

[50] Frischlin, Jacob, Beschreibung deß Fürstlichen Apparatus, Königlichen Auffzugs / Heroischen Ingressus vnd herrlicher Pomp vnd Solennitet...Franckfurt am Mayn, 1602.

[51] Frischlin, Jacob, Beschreibung des Fürstlichen Apparatus..., Hier: Beschreibung Fürstlicher Heroischer Ritterspiel..., S. 110.

[52] dass., S. 111.

[53] dass., S. 114.

[54] dass., S. 125.

[55] dass., S. 128.

[56] wie Anm. 11, S. 598 – Dieser Tanz scheint stampfende Sprünge enthalten zu haben, die Frischlin mit einem Sprung vom Dach (?) verglich. Das Schwäbische Wörterbuch läßt diese Stelle unerklärt, führt jedoch an, daß in Rottenburg und in Balingen der Ausdruck "von Dach ab" soviel wie 'ernstlich, anhaltend' bedeutet. Die Stelle bei Frischlin könnte demnach auch so zu verstehen sein: "...die insgesamt nur andauernd springen...". Vergl. jedoch das "Dach auf, dach ab..." der Beschreibung (Anm. 55) – Schäfen Applin: Von Apollonia. Apollonia ist laut Schwäb. Wb., Bd. 1, Sp. 295 ein häufiger Schimpfname für einfältige, unbeholfene, auch für schmutzige, unreinliche Weiber; schäfen bedeutet im übertragenen Sinne: schafsmäßig, dumm, s. Schw. Wb. Bd. 5, Sp. 652. Das Krummstellen der Füße und Schenkel bei diesem Tanz scheint eine pantomimische Nachahmung vielleicht einer einfältigen, unbeholfenen und vielleicht behinderten Frau gewesen zu sein. Zu diesem Tanznamen vergl. auch den Hurenwadl.

[57] Oettinger, Johann, Warhaffte historische Beschreibung der fürstlichen Hochzeit (...) so der Durchleuchtig Hochgeborn Fürst u. Herr Johann Friderichs, Hertzog zu Würtemberg mit der (...) Barbara Sophia, Marggräfin zu Brandenburg in Preussen in der fürstlichen Haubtstatt Stuttgardten Anno 1609 (...) celebriert vnd gehalten hat (...) durch M. Johann Oettingern ... Stuttgart 1610.

[58] Küchler, Balthasar, Repraesentatio der fürstlichen Auffzug vnd Ritterspil. So bei des (...) Fürsten (...) Johann Friderichen, Hertzogen zu Wurttemberg vnd Teckh (...) vnd der (...) Fürstin Barbara Sophien geborne Marggrauin zu Brandenburg (...) Hochzeitlich Ehrnfest den 6. Nouemb. A° 1609 in der (...) Hauptstat Stutgarten mit grosser Solennitet gehalten worden (...) Schwäbischngmund (...) durch Balthasar Kuchlern 1611.

[59] Oettinger, Johann, wie Anm. 57, S. 111. (Im folgenden als "Oettinger" zitiert.).

[60] Oettinger S. 123 f.

[61] Oettinger S. 256.

[62] Oettinger S. 257.

[63] Bossert, Gustav, Die Geschichte der Hofkantorei unter Herzog Ludwig, in: Württ. Vierteljahreshefte f. Landesgeschichte, Neue Folge IX. Jg. Stuttgart 1900, S. 278 f, Nr. 14 und 12. – Zur "Kriegerüstung" vergl. den Bericht Assums vom 14.3.1616, in: Bossert, G., Die Hofkapelle unter Johann Friedrich 1608 – 1628, in Württ. Vierteljahreshefte f. Landesgeschichte, N.F. XX. Jg., Stuttgart 1911, S. 206 / 207.

[64] Vergl. Bossert, G., Die Hofkapelle unter Eberhard III 1628 – 1657, in: Württ. Vierteljahreshefte f. Landesgeschichte, Neue Folge, XXI. Jg., Stuttgart 1912, S. 69 ff, hier: S. 135, aus: Inventarium instrumentorum musicorum in anno 1589.

[65] Bossert, op. cit., (N.F. IX) S. 265 zu Eckhardt, Joh.

[66] Bossert, Gustav, Die Hofkapelle unter Eberhard III 1628 – 1657, in: Württ. Vierteljahreshefte f. Landesgeschichte, Neue Folge, XXI. Jg., Stuttgart 1912, S. 87.

[67] Krapf, Ludwig, und Wagenknecht, Christian, Hrsg.: Stuttgarter Hoffeste. Texte und Materialien zu höfischen Repäsentation im frühen 17. Jh., Tübingen 1979.

⁶⁸ Weckherlin, Georg Rodolf: Triumf Newlich bey der F. kindtauf zu Stutgart gehalten. Durch G. Rodolfen Weckherlin, Stutgart M.DC.XVI. (1616), in: Krapf/Wagenknecht, wie Anm. 67, S. 25.

⁶⁹ Assum, Johann Augustin, Warhaffte Relation Vnd Historischer/Politischer/Höfflicher Discours Vber Deß Durchleuchtigen/Hochgebornen Fürsten vnd Herren Johan Friderichen (...) Jungen Sohns Prinz Friderichen (...) Angestelter (...) Kind = Tauff Anno 1616. (...) in: Krapf/Wagenknecht, wie Anm. 67, S. 393

⁷⁰ Frischlin, Jacob,Wahrhaffte Erzehlung vnd beschreibung in sechs Bücher außgetheilt (...) in: Krapf/Wagenknecht, wie Anm. 67, S. 437/438.

⁷¹ Weckherlin, Georg Rodolf, Kurtze Beschreibung/Deß zu Stutgarten/bey den Fürstlichen Kindtauf vnd Hochzeit/Jüngst-gehaltenen Frewden-Fests (...) Tübingen 1618, in: Krapf/Wagenknecht, wie Anm 67, S. 233.

⁷² Weckherlin, G.R., wie Anm. 68, S. 271.

⁷³ Weckherlin, G.R., wie Anm. 68, S. 275.

⁷⁴ Weckherlin, G.R., wie Anm. 68, S. 291.

⁷⁵ München, Bayerische Staatsbibliothek, Res. 4 P.o. germ. 229 (26. – Vergl. Stark, Franz, Zwei alte Lieder in oberschwäbischer Mundart, aus einem um 1633 gedruckten Flugblatte mitgetheilt, in: Fromman, Dr. G. Karl (Hrsg.), Die deutschen Mundarten. Eine Monatsschrift für Dichtung, Forschung und Kritik. Vierter Jg., Nürnberg 1857, S. 86.

⁷⁶ Stark, wie Anm. 75, S. 95, Vers 68. – Der "blaue Storch" ist bereits in einer Basler Handschrift von ca. 1560 – 70 überliefert, vergl. Böhme, Franz Magnus, Geschichte des Tanzes in Deutschland, Bd. II, Leipzig 1886, S. 24, Nr. 41; der "Graf von Rom" ist schon 1521 bekannt. Abgedruckt in Erk/Böhme, Deutscher Liederhort, Bd. I, Leipzig 1893, S. 93 Nr. 29. Vielleicht lassen sich auch die anderen Tänze – der "Kehret um", der "Kaminfeger" und der "Hanselmann" noch identifizieren?

⁷⁷ Hohberg: Wolfgang Helmhard von Hohberg, Georgica Curiosa oder Adeliches Land- und Feldleben. Nürnberg 1695. Vergl. Duthaler, Georg, Trommel und Pfeifen in Basel. Basel 1985, S. 20: *"Trommeln und Pfeifen oder Schalmeien und Sackpfeifen sind nach Hohberg dazu da, die jungen Burschen für die Arbeit 'anzufrischen'."*

⁷⁸ Die vierte Eclog von der Herbstzeit. In: Georg Rodolf Weckherlins Gaistliche und Weltliche Gedichte. Amstelldam 1648. Hrsg. von Hermann Fischer, Tübingen 1895, Bd. 2, S. 381 ff, Nr. 323.

⁷⁹ Frischlin, Nicodemus, Ruth. Ein Comedi. 1590, Actus Tertii, Scena IV. – N. Frischlin, Deutsche Dichtungen, von David Friedr. Strauß, Stuttgart 1857, S. 115. (Bibl. d. Litt. Vereins in Stuttgart Bd. XLI).

⁸⁰ Henisch, Georg (gen. von Bartfeld), siehe: Georg Henischii Teutsche Sprach und Weissheit etc., Augsburg 1616, Spalte 1164, Zeile 49.

⁸¹ Dionysius Dreytweins Esslingische Chronik (1548 – 1564), hrsg. v. Adolf Diehl, Tübingen 1901, S. 115. (Bibl. d. Litt. Vereins in Stuttgart, Bd. CCXXI).

⁸² Lindener, Michael, Der erste theyl Katzipori (...) 1558, "ein unerhörte zucht eines seuberlichen mägdelein, Kreütlein genandt." - s. Michael Lindeners Rastbüchlein und Katzipori, hrsg. v. Franz Lichtenstein, Tübingen 1883, S. 118/119, Nr. 63.

⁸³ Hauptstaatsarchiv Stuttgart, Inv. Herzog Christophs (Bestand G 47, Büschel 23) und Herzog Ludwigs (Bestand G 55, Büschel 23).

⁸⁴ Harder, Hieronymus, "Kreuterbuch. Darinn 849 lebendiger Kreuter begriffen und Eingefast seind...und volendet Anno (15)94." – München, Bayerische Staatsbibliothek, Cod. Icon. 3, fol. 61v. – Zu Harder: Dobras, Werner, Hier. Harder 1523 – 1607, Lehrer u. Amateurbotaniker. In: Hohenstaufen, Helfenstein, (wie Anm. 41), S. 67 ff.

⁸⁵ (Ott, Johannes,) Das grosze Rottweiler Herrenschieszen anno 1558 von Lienhart Flexel. In: Alemannia, Zeitschr. f. Sprache, Litt. u. Volkskunde des Elsasses, Oberrheins und Schwabens. Hrsg. v. A. Birlinger. Bd. 6, Bonn 1878, S. 201 ff.

⁸⁶ Beschreibung des Oberamtes Leonberg. Hrsg. v. Württ. Statistischen Landesamt. Zweite Bearbeitung Stuttgart 1930, S. 639, dortige Anm. 70.

⁸⁷ Vergl. Hoffmann, Robert, Die Augsburger Bäder u. d. Handwerk der Bader, in: Zschr. des Hist. Vereins für Schwaben u. Neuburg, 12. Jg., Augsburg 1885, S. 10 – Frdl. Auskunft zu diesem Ortsnamen erteilte Dr. Baer vom Stadtarchiv Augsburg.

⁸⁸ Meß, Friedrich, Beitrag zur Kriegsgeschichte von Lindau, in: Schriften des Vereins f. Geschichte des Bodensees und seiner Umgebung. 17. Heft, Lindau 1888, S. 110 ff.

⁸⁹ vergl. Nagel, Adalbert, Armut im Barock. Bettler und Vaganten Oberschwabens. Weingarten 1986, S. 58. Dieser Beleg ist aufgrund der sehr allmein gehaltenen Quellenangaben bei Nagel z. Zt. leider nicht überprüfbar. Eine Durchsicht der Ratsprotokolle Ravensburg des gesamten Jahres 1662 blieb ergebnislos. Die Bezeichnung *Dudel*sackpfeifer bereits im Jahre 1662 wäre für den deutschen Südwesten der bislang früheste mir bekannte Beleg für dieses neue Wort.

⁹⁰ Vergl. Freyer, Hieronymus, Anweisung zur Teutschen Orthographie, Halle 1722: "Der Dudelsack oder Dudey, Polnischer Bock", sowie Zedler, Universallexikon, Bd. 7, 1742: "Dudelsack, siehe Polnischer Bock." "Dudey, siehe Polnischer Bock". In Bd. 33 unter "Sackpfeiffen" abweichend (anderer Bearbeiter?): "Der Dudel-Sack (oder Dudey) hat 3 Stimmen." (Folgt Angabe nach M. Praetorius, bei dem der "Dudey" ein sehr kleines Instrument mit 3 Bordunpfeifchen, ohne Schalltrichter an den Pfeifen ist.).

⁹¹ Vergl. Schmidt, Ernst E., "Sein polnisch Duday dises war..." In: Der Dudelsack in Europa, mit besonderer Berücksichtigung Bayerns. Begleitband zur gleichnamigen Ausstellung. Hrsg. v. Bayerischen Landesverein für Heimatpflege e. V., München 1996, S. 15.

⁹² Zinkenisten-Ordnung vom 18. August 1721. In Auszügen abgedruckt in: Reyscher, August Ludwig (Hrsg.), Vollständige, historisch u. kritisch bearbeitete Sammlung der württembergischen Gesetze, Dreizehnter Band, Slg. d. württ. Regierungs-Gesetze, zweiter Theil, von G. Zeller, Tübingen 1842, S. 1221, Nr. 855, hier: S. 1224.

⁹³ Sittard, A., wie Anm. 7, Bd. 2, S. 12/13.

⁹⁴ München, Bayerische Staatsbibliothek, 2 Mus. Pr. 3951 c (9,2. Vergl. Denkmäler Deutscher Tonkunst, 2. Folge, Denkmäler der Tonkunst in Bayern 9. Jg. II. Band, hrsg. v. Max Seiffert, Leipzig 1908 1908, S. 138ff.

⁹⁵ abgedruckt in: Jahner, M., Schwäbische Dialektdichtung in Marchtaler Schuldramen, in: Württ. Vierteljahreshefte f. Landesgeschichte, Neue Folge XXI Jg., Stuttgart 1912, S. 269 ff.

⁹⁶ Kürzinger, Ignatz Franz Xaver, Getreuer Unterricht zum Singen mit Manieren und die Violin zu spielen... Augsburg 1763, unter 'Errata'.

⁹⁷ Frdl. Hinweis Dr. Fritz Schneider, Krefeld.

⁹⁸ Vergl. Büchele, Bertold, Deftige Barockmusik aus Oberschwaben – Die Ostracher Liederhandschrift. Ratzenried 1993.

⁹⁹ Vergl. Sebastian Sailers Schriften im schwäbischen Dialekte. Gesammelt u. mit einer Vorrede versehen v. Sixt Bachmann. Buchau 1819. – Diese und weitere angeführte Quellen verdanke ich Herrn Wolfram Benz, Eglofs. – Siehe auch: Benz, Wolfram, "Hans da Dudelsack brav klemmt". Von den Musikinstrumenten im Westallgäu vor und neben der großen Blasmusik, in: Westallgäuer Heimatblätter 19. Bd. Nr. 9, Juli 1994. (Westallgäuer Heimatverein Weiler im Allgäu).

¹⁰⁰ Vergl. Anm. 37. Weitere Beispiele: Hans Wilhelm Kirchhofs "WendUnmuth" 1602, Viertes Buch, "Von einer kunstreichen Sackpfeiffen": *"Welcher gern Lirum Lirum pfeift..."* sowie Siebtes Buch, "Schäffer Gasterey": *"...ließen darneben die sackpfeiffen, bonhart und schalmeyen lirumlir weidtlich klingen,"* oder in Georg Rollenhagens "Froschmeuseler" 1608: *"...Ein lesterlichen Sackpfeifsnarren, der sein lyrumlerum ließ knarren!"* Vergl. auch das Lied: "Ein Sackpfeifer mit seiner

[100] Lyr" in einem Quodlibet von Nicolaus Zange (Musikalischer Zeitvertreiber, No. XII, Nürnberg 1609), lt. Robert Eitner, Das Deutsche Lied des XV. U. XVI. Jhdts (...) I. Bd. Berlin 1876, S. 251/252. (Beilage zu den Monatsh. f. Mus. gesch. Jg. VIII).

[101] Musicalisches A.B.C. in kleinen und leichten Fugetten, Denen Anfängern auf der Orgel (...) zum Besten entworffen, (...) heraus gegeben von Johann Caspar Simon, Organist (...) in Nördlingen. Augspurg 1754 (Vorwort). Frdl. Hinweis von Herrn Karl Höpfner, Reimlingen, der mich über M. Stingel erreichte.

[102] Spörer, Friederich, Kirchweihpredigt. Exordium, in: Das Kloster. Weltlich und Geistlich. Von J. Scheible. Bd. 1, Stuttgart 1845, S. 92 ff.

[103] Pape, Ambrosius (aus Magdeburg): Bettel vnd GarteTeuffel. Ein kurtzer vnnd einfältiger / doch warhafftiger Bericht / von den jetzigen Bettlern / vnd vermeynten Landsknechten (...), S. 167 "Vom andern Stücke" in: Ander Theyl Theatri Diabolorum, Das ist: Warhaffte eigentliche vnd kurtze Beschreibung / Allerley grewlicher / schrecklicher vnd abschewlicher Laster / (...) Franckfurt am Mayn 1587.

[104] D. Mr. (Dekan Mayer), Das Gaunerwesen in den 150er Jahren, in: Wirtembergisch Franken. Zschr. f. das wirtembergische Franken. Siebenten Bandes erstes Heft, Weinsberg 1865, S. 36 ff.

[105] Zentralbibliothek Zürich, Ms. F 26, f. 31r. – Vergl. E.A.St(ückelberg): Gaunerzeichen, in: Schweizerisches Archiv für Volkskunde, Vierteljahresschrift, hrsg. Ed. Hoffmann-Krayer, 3. Jg., S. 151.

[106] vergl. hierzu: Seidenspinner, Wolfgang, Bettler, Landstreicher und Räuber. Das 18. Jahrhundert u. die Bandenkriminalität, dort S. 32, in: Schurke oder Held? Historische Räuber und Räuber-banden, hrsg. v. Harald Siebenmorgen. Sigmaringen 1995, S. 27ff. (Ausstellungskatalog Badisches Landesmuseum Karlsruhe 1995/96.) – Hinweis auf diese Erlasse: G. Balling, Bernhardswald.

[107] Abdruck in Faksimile in: Weitnauer, Alfred, Allgäuer Chronik, (Bd. 4): Bilder und Dokumente. Kempten / Allgäu 1962. – Frdl. Hinweis durch W. Benz, Eglofs.

[108] Reyscher, August Ludwig, Vollständige historisch und kritisch bearbeitete Sammlung der württembergischen Gesetze, Bd. 13, S. 305, Nr. 1189, Zitat S. 306.

[109] Generallandesarchiv Karlsruhe, 74/6294 (Verordnung von 1747). – Vergl. Seidenspinner, Wolfgang, wie Anm 106, S. 27. – Frdl. Hinweis: H. Moßmann, Schuttertal.

[110] Haussherr, Hans, (Hrsg.): Die Memoiren des Ritters von Lang (1764 – 1835), Stuttgart 1957, S. 19/20.

[111] Zitiert nach: Volksmusik in Bayern. Ausgewählte Quellen und Dokumente aus sechs Jahrhunderten. Ausstellungskatalog zur Ausstellung in der Bayerischen Staatsbibliothek, München 8.5. – 31.7.1985, S. 41 zu Nr. 22. – Frdl. Hinweis F. Schneider, Krefeld.

[112] Thieringer, Kurt (seinerzeit Ortspfarrer), Was ein Totenbuch erzählt. (4. Fortsetzung von insgesamt 5), in: Buchenberger Bote, Gemeinde-Anzeiger. 3. Jg. Nr. 42, Buchenberg, 17. Oktober 1931. Für die Präzisierung dieser Quelle danke ich Herrn Johann Haller, Geschichtsverein Königsfeld-Buchenberg, für einen ersten Hinweis H. Moßmann, Schuttertal. Eingetragen ist der 3. Juli, offenbar ein Schreibfehler, denn die Bestattung erfolgte am 1. August.

[113] Frdl. Mitteilung von Herrn Johann Haller, Königsfeld-Buchenberg. Für die Kontaktvermittlung danke ich Tibor Ehlers, Betzweiler-Wälde, sowie Herrn Bruno Mößner, Königsfeld-Buchenberg.

[114] Kolorierter Holzschnitt, welcher der Beschreibung des Markgröninger Schäferlaufs im "Buch der Welt" vom Jahre 1862 beigegeben war. Verwendet als Titelbild zu Tomschik, Erich, Der Markgröninger Schäferlauf. Markgröningen 1971. (Verlag des Arbeitskreises Geschichtsforschung, Heimat- und Denkmalpflege Markgröningen e.V.).

[115] Frdl. Mitteilung von Tibor Ehlers an M. Stingel, der mir dieses Zitat dankenswerterweise für diese Arbeit zur Verfügung stellte.

[116] Mein herzlicher Dank gilt sowohl Herrn Alfred Kranzleiter, der meine Fragen bereitwilligst beantwortete und nach Kräften bemüht war, mir zu helfen, als auch seinem Sohn, Herrn Rolf Kranzleiter, der meine Bitte freundlichst weitergeleitet hatte und die Korrespondenz übernahm. Tibor Ehlers danke ich für den Hinweis, daß Herr Kranzleiter diese Sackpfeife noch gut hatte beschreiben können. Beide Beschreibungen sind trotz mehrerer dazwischenliegender Jahre im wesentlichen gleich.

[117] Thierer, Georg, Ortsgeschichte von Gussenstadt auf der Schwäbischen Alb, Band 1, Stuttgart 1912, S. 245.

[118] Schwäbisches Wörterbuch. Bearbeitet von Hermann Fischer, Bd. 2, Tübingen 1908, Sp. 443 unter 'Dudel - bock'

[119] Seifert, Adolf, Zur Wiederbelebung des Dudelsacks, in: Collegium Musicum, Kassel 1932, S. 33.

[120] Die Musik in Geschichte und Gegenwart. Allgemeine Enzyklopädie der Musik (MGG). Bd. 13, Kassel Basel 1966, Spalte 1042, unter "Ulm".

[121] Oberdischinger Diebsliste von 1799, hg. v. Franz Ludwig Schenk von Castell, abgedruckt in: Ernst Arnold, Oberdischingen, der Malefizschenk und seine Jauner, Neudruck der Ausgabe v. 1911, erw. um die Oberdischinger Diebsliste von 1799, hg. von der Gemeinde Oberdischingen, bearbeitet von Werner Kreitmeier, Oberdischingen 1993. – Hier zitiert nach: Juchheirassa, Musik im Dorf gestern und heute, Freilichtmuseum Neuhausen ob Eck – Kleine Schriften 15, Begleitheft zur Ausstellung 1. Mai – 26. Oktober 1997, Seite 9.

Hans Holbein d. J., Bauerntanz. Aus einer Titeleinfassung von 1523. Metallschnitt. – Vergl. Abbildung 82.
Öffentliche Kunstsamlung Basel, Kupferstichkabinett. Foto: Öffentliche Kunstsammlung Basel, Martin Bühler.

Bildteil

Abbildungen 25 – 102

Mit einer Literaturauswahl zu den Abbildungen.

Abbildung 25

Der Teufel nimmt die Ungerechtigkeit zur Frau. Szene mit Hochzeitsmusikanten. Kolorierter Holzschnitt aus Vintler, Hans, Flores virtutem oder das Buch der Tugend. Verlegt bei Johannes Blaubirer, Augsburg 1486. Berlin, Kunstbibliothek, Sign. Lipp. Cd.9. Foto: Dietmar Katz, Berlin.

Abbildung 26

"Grob". Holzschnitt. Detail aus: "Zu latein genant Ars memorativa". Druck von Anton Sorg, Augsburg 1490 (?) Foto nach Schramm, A., Der Bilderschmuck der Frühdrucke. Bd. 4, Tafel 366, Abb. Nr. 2956.

Abbildung 27

Tanzende Bauern, von Bremsen attackiert. Holzschnitt aus: Neidhart Fuchs. Augsburger Inkunabel. Augsburg, Johann Schaur. Nach 1491 – 1500. Hamburg, Staats- und Universitätsbibliothek, Cod. in scrin. 229 c. Foto nach E. Jöst, Bauernfeindlichkeit. Göppingen 1976.

Abbildung 28

Affe mit Sackpfeife empfängt einen Boten. Holzschnitt aus: "Cyrillus", Buch der natürlichen Weisheit, fol 85 v. Anton Sorg, 25. Mai 1490 Augsburg. Foto nach Schramm, A., Der Bilderschmuck der Frühdrucke, Bd. 4, Nr. 2840.

Abbildung 29

Anonymer Meister, Schwaben um 1480/90: Fahrender Händler wird von Affen ausgeraubt. Bildliche Darstellung der Untugend des Schlafes zur Unzeit. Altkolorierter Holzschnitt. Gotha, Schloßmuseum, Schloß Friedenstein, Kupferstichkabinett, Inv.-Nr. 1,3. Foto: Schloßmuseum Gotha.

Abbildung 31

Miniatur aus: John de Mandeville, Die Reise nach Jerusalem. Handschrift, 1471 – 74 vom Zentgrafen Hans von Gochsheim (vermutlich: Gochsen) in Mudau / Odenwaldkreis geschrieben und illustriert. Stuttgart, Württembergische Landesbibliothek, Cod. Poet. et phil. 2° 4, fol. 74v. Aus dem Kapitel: Von ainem paradyß das hett gemachet ain zobrer. (Das Paradies des Zauberers). Dargestellt sind Burg und Garten des Gachalonabes (Galeas), des "Alten vom Berge" der Kreuzfahrerzeit – Musikanten und Bauten sind so dargestellt, wie der Illustrator sie von seiner Umgebung kannte. Foto: Württembergische Landesbibliothek.

Abbildung 30

Anonymer Meister (? Süddeutschland, 1. H. 15. Jh.): Mahlszene mit Musikanten, aus dem "Leben des Antichrist". Kolorierte Federzeichnung. St. Gallen, Stiftsarchiv Pfäfers (im Stiftsarchiv St. Gallen), Cod. Fabariensis XVI, fol. 117 r. Foto: Stiftsarchiv.

Abbildung 32

Fastnachtsturnier mit Narrenzug. Turnier des Augsburger Patriziers Marx Walther gegen Jörg Hofmair vom Jahre 1480. Die Sackpfeifer sind die Wappenmeister, die Narren Kinder angesehenster Eltern. Bei den Sackpfeifen beginnt sich die zweite Bordunpfeife einzubürgern. Turnierbuch des Marx Walter, Augsburg 1506 – 1511. Bayerische Staatsbibliothek München, Cgm 1930, fol. 5v / 6r. Foto: Bayerische Staatsbibliothek.

Abbildung 33

Titelillustration aus "Des Tüfels Segi" (Des Teufels Netz). Satirisch - didaktisches Gedicht in oberschwäbischer Sprache, 1441 in der Umgebung des Bodensees, vielleicht Bregenz entstanden. Karlsruhe, Badische Landesbibliothek, Cod. Don. 113, Bl. 1b. Foto: Georg Goerlipp, Donaueschingen. Die Teufel musizieren auf Sackpfeife, kleinen Pauken, Platerspiel.

Abbildung 34

Höllenrachen mit Teufelsspielleuten. Detail aus einer Darstellung des Weltgerichtes in der evangelischen Johanneskirche zu Gingen a.d. Fils. Vermutlich Ulmer Maler. 1524 datiert. Foto: Traute Uhland-Clauss, Esslingen a.N., zur Verfügung gestellt vom Landratsamt Göppingen / Der Kreisarchivar.

Abbildung 35

Narr mit Sackpfeife. Miserikordie vom Chorgestühl des Konstanzer Münsters. Südseite, mittlere Reihe. Ca. 19 cm hoch. Nach 1467 – Anfang der 1470er Jahre entstanden. Örtliche Haider-Werkstatt. Foto: Staatliches Hochbau- und Universitätsbauamt Konstanz.

Abbildung 36

Verwandlungsbild: zwei Affen zu Pferde, mit Sackpfeife und Ball oder Radscheibe. Kolorierter Holzschnitt, Schwäbisch um 1447 – 1450. Maße: 26,4 x 18,5 cm. Durch Drehen des Papierstreifens in der Blattmitte um den Knoten um 90 Grad erreicht man, daß der ballspielende Affe rittlings auf dem Pferd sitzt, der weit nach hinten gelehnte Sackpfeife spielende Affe jedoch sich mit den Füßen am oberen Balken festklammert. – Dieses Blatt wurde angeblich in Ulm beim Abbruch einer kleinen Kirche gefunden, die Bemalung soll jedoch auf Schweizer Ursprung deuten. Germanisches Nationalmuseum Nürnberg, Graphische Sammlung, Inv. Nr. H 5690. Foto: Germanisches Nationalmuseum.

Abbildung 37

Unbekannter Meister. Schwaben, ca. 1497: Sackpfeifender Narr mit Hündchen. Konsolfigur im Südschiff des Rottweiler Heilig-Kreuz-Münsters, Seitenkapelle beim Dreifaltigkeitsaltar. Foto: Oswin Angst, Meßstetten-Thieringen.

Abbildung 38

Alessio Longhi (1518 – 1551 nachgewiesen): Gedenkstein des Ser Paolo Alemanno, Hofnarr des Kardinals Bernardo Clesio zu Trient. Trentiner Kalkstein, 187 x 80 cm ohne Sockel. 1535 entstanden. Aufnahme von etwa 1902. Foto nach Mitteilungen der k. k. Central – Commission, vergl. Anm. 6.

Abbildung 39

Anonymer Meister (Freiburg 1501): Verkündigung an die Hirten. Ausschnitt aus einem wollgewirkten Antependium. Freiburg im Breisgau, Augustinermuseum, Inv.- Nr. K 2 / M (Leihgabe des Freiburger Münsters). Foto: Hans-Peter Kieser.

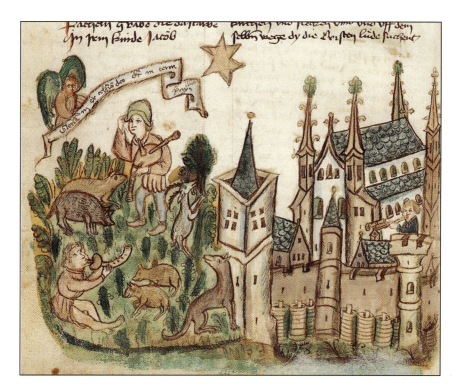

Abbildung 40

Miniatur aus: John de Mandeville, Die Reise nach Jerusalem. Handschrift, 1471 – 74 vom Zentgrafen Hans von Gochsheim (vermutlich: Gochsen) in Mudau / Odenwaldkreis geschrieben und illustriert. Stuttgart, Württembergische Landesbibliothek, Cod. Poet. et phil. 2° 4, fol. 18v. Aus dem Kapitel: Der Weg von Bethlehem nach Jerusalem. Die Hirten spielen auf einer Sackpfeife und einem Platerspiel, das mit der Sackpfeife verwandt ist. Foto: Württembergische Landesbibliothek.

Abbildung 41

Initiale aus einem Antiphonar aus Lorch bei Schwäbisch Gmünd, 1512 von Nikolaus Bertschi historisierend im Stil des 15. Jh. ausgemalt, mit der Verkündigung an die Hirten. 7,5 x 7,5 cm. Stuttgart, Württemberg. Landesbibliothek, Cod. mus. 2° I 63, fol 24r. Nikolaus Bertschi stammte aus Rohrschach und arbeitete u. a. als Briefmaler in Augsburg. Foto: Württembergische Landesbibliothek, Joachim Siener.

Abbildung 42

Niklaus Weckmann, Ulm, um 1523/24: Geburt Christi und Anbetung der Hirten. Detail: Hirten mit Sackpfeife und Horn. Vom ehemaligen Choraltar in Wettenhausen bei Günzburg. Die Spielpfeife der Sackpfeife ist möglicherweise abgebrochen. München, Bayerisches Nationalmuseum. Foto: F. Schneider, Krefeld. Abdruck mit frdl. Genehmigung des Bayerischen Nationalmuseums.

Abbildung 43

Geburt Christi mit Anbetung der Hirten. Aus dem sogenannten Gothaer Tafelaltar, 1539 – 41 in der Werkstatt des Heinrich Füllmaurer zu Herrenberg entstanden. – Im Hintergrund Verkündigung an die Hirten. Auch einer dieser Hirten hält eine Sackpfeife in der Hand. Gotha, Schloßmuseum Schloß Friedenstein. Foto: Schloßmuseum Gotha.

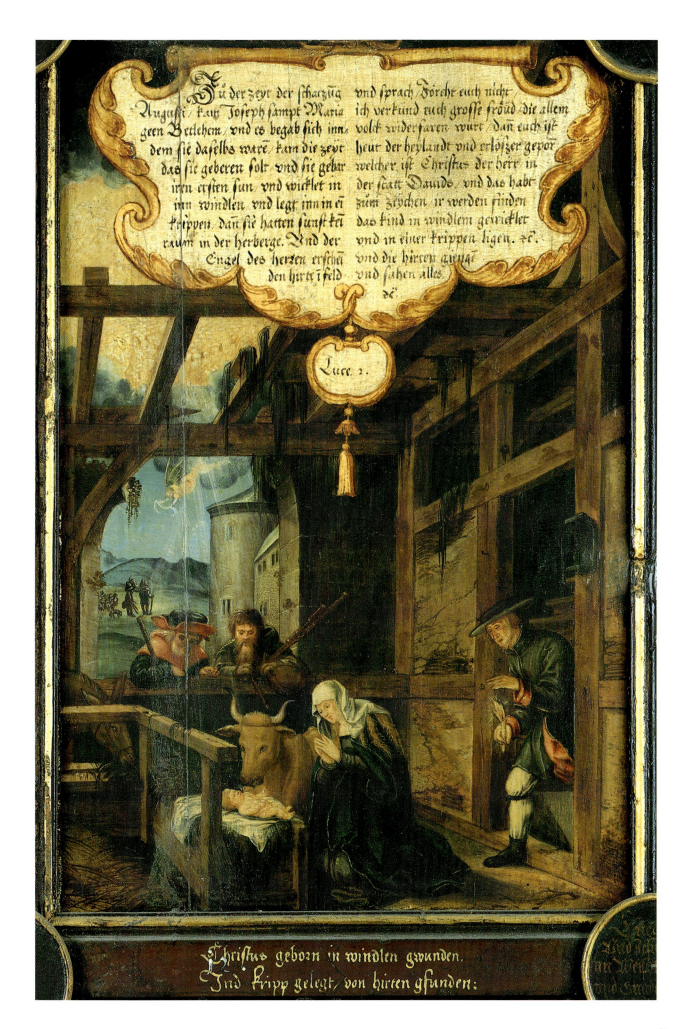

Christus geborn in windlen gwunden.
Jnd kripp gelegt, von hirten gfunden:

Abbildung 44

Detail aus vorhergehender Abbildung: Hirte mit Sackpfeife. Sehr schön erkennbar ist die kunstvolle Gliederung der Bordunpfeifen. Foto: s. Abb. 43.

Abbildung 45

Anonymer Meister, Süddeutschland, ? Schwaben um 1500. Geburt Christi. Detail: Hirten. Die Bordunpfeifen sind aus mehreren Segmenten gefertigt und stecken in einem gemeinsamen zylindrischen Block. Ertingen / Bussen, Pfarrkirche St. Georg. Foto: Franz Josef Mock, Biberach / Riß.

Abbildung 46

Anonymer Meister, Bodenseeraum (Konstanz?) oder Ostschweiz, um 1500, Detail aus einer Geburt Christi. Sehr schön zu sehen ist hier, daß die beiden Bordunpfeifen in einem gemeinsamen zylindrischen Block stecken, daß die Schalltrichter oben offen sind, und daß die kleinere Bordunpfeife keinerlei verschiebbare Muffe zum Stimmen besitzt. Die Melodiepfeife ist leider verdeckt. Der linke Hirte hat ein kantig zugeschliffenes Hirtenhorn. – Die Landschaft im Hintergrund soll derjenigen um Konstanz ähneln. Schaffhausen, Museum zu Allerheiligen. Foto: Museum zu Allerheiligen.

Abbildung 48

Barbara-Altar von Jörg Ratgeb in der Ev. Stadtkirche St. Johannes zu Schwaigern, 1510, mit Darstellungen aus dem Leben der hl. Barbara. Detail: Barbaras zorniger Vater bei den Hirten. Der gute Hirte, weiß gekleidet, hält in der linken Hand eine Sackpfeife. Der böse Hirte, der Barbaras Fluchtort verrät, wird gerade in eine Steinsäule verwandelt. Foto: F. Schneider, Krefeld.

Abbildung 49

"Wem sackpfiffen freüd / kurtzwil gytt
Vnd acht der harpff / vnd luten nytt
Der ghört wol vff den narren schlytt"

Holzschnitt aus: Sebastian Brant, Das Narrenschiff. Ausgabe von Michael Greyff, Reutlingen 1494. Holzschnitt zu Kapitel 54. Der Holzschnitt ist dem Original von Albrecht Dürer, aus der Narrenschiffausgabe Basel 1494 mit geringen Abweichungen nachgeschnitten. Foto nach Schramm, A., Der Bilderschmuck der Frühdrucke, Bd. 9, Tafel 77, Abb. 541, unter Fortlassung des Randschmucks.

Abbildung 47

Jörg Stocker: Geburt Christi, 1496. Altartafel vom Ennetacher Altar. Detail: Verkündigung an die Hirten. Vorlage: Fürstlich Hohenzollernsche Sammlungen Sigmaringen. Foto: Franz Josef Mock, Biberach a. d. Riß.

Abbildung 50

Anonymer Künstler, Süddeutschland (Augsburg?) um 1520 ? Bemalter Holzteller mit Darstellung von Adligen bei einem Fest im Freien. Auf dem Rand umlaufend Personen in Trachten aus verschiedenen Jahrhunderten, wie es auch bei den Musikanten des Augsburger Geschlechtertanzes von Narziss Renner 1520 der Fall ist. Die Jahreszahlen dürften von späterer Hand stammen. – Schwäbischer Privatbesitz. Schloß Lichtenstein, Lichtenstein ob Honau. Foto: Karl Scheuring, Reutlingen.

Abbildung 51

Detail aus vorhergehender Abbildung: Sackpfeifer und Pommerspieler. Der Pommerspieler greift mit einer Hand vor der Schutzkapsel für die Kleinfingerklappe, also dort, wo es nichts mehr zu greifen gibt – Unkenntnis des Malers oder karikierende Absicht?

Abbildung 52

Sackpfeifer aus einer Musikantengruppe aus der Darstellung eines Augsburger Geschlechtertanzes von Narziss Renner, Augsburg 1520. Ehemals Berlin, Kupferstichkabinett. (Kriegsverlust) – Wiedergabe hier nach einer Farblithographie vom Ende des 19. / Anfang des 20. Jh. Sammlung H. Grünwald, Garching.

Abbildung 54

Kaspar Härteli aus Lindau: Sackpfeifender Knabe in Rankenwerk. Illustration zu dem Introitus "Salve Sancta Parens" aus der Sammlung von Gesängen des Heinrich Keller von Rapperswil "Barbarini Codices", Bd. 1, S. 725, 1562 datiert. Für den Abt Diethelm Blarer von St. Gallen illuminiertes Antiphonar. St. Gallen, Stiftsbibliothek, Codex 542. Foto: Carsten Seltrecht, St. Gallen.

Abbildung 53

Leonhard Kern (zugeschrieben): Sackpfeife spielender Knabe. Um 1635 – 1645. Honigfarbener Alabaster. Höhe 17 cm. Plinthe 5,5 x 6,2 cm. Vorbild war die Bronzestatuette eines sackpfeifenden Jungen von Giovanni Bologna. Schwäbisch Hall, Hällisch-Fränkisches Museum, Inv. Nr. 87/01 (Dauerleihgabe des Landes Baden-Württemberg). Foto: Margit Kern, Kern Atelier Schwäb. Hall.

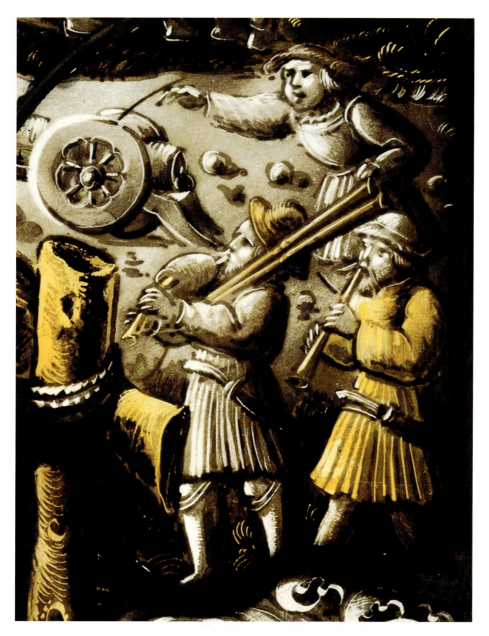

Abbildung 56

Detail aus vorhergehender Abbildung: Sackpfeifer und Schalmeipfeifer bei einem Geschütz im Bauernkrieg 1525.

Abbildung 55

"Statt Überlingen 1528". Wappenscheibe der Stadt Überlingen, dem Konstanzer Glasmaler Ludwig Stilhart zugeschrieben. 52 x 36,5 cm. Im oberen Teil eine Schlachtenszene aus dem Bauernkrieg 1525, die als Schlacht von Gaisbeuren bei Ravensburg gedeutet wurde, aber auch als Schlacht bei Hilzingen, bei der der Überlinger Bürgermeister Jakob Kessenring an der Spitze der vereinigten Truppen aus Markdorf, Meersburg, Pfullendorf, Überlingen, Salem und anderen Gemeinden den aufständischen Bauern gegenübertrat. Die Feldmusik der Landsknechte besteht hier aus Querpfeife und Heertrommel, die der Bauern aus Sackpfeife und Schalmei. Rathaus Überlingen. Foto: Foto Lauterwasser, Überlingen.

Abbildung 57

Martin Pfender: *"die Meyerschafft zv Loufen"*, *1553*. Kabinettscheibe mit der Darstellung eines Zechgelages der Meierschaft zu Lauffen bei Rottweil, darüber Szenen aus einem Bauernfest. 44,7 x 34,5 cm. Rottweil, Ratssaal. Foto: Gerald Mager, Stadtarchiv Rottweil.

Abbildung 58

Wappenscheibe des Philip Mesinger mit Bauerntanz, Straßburg 1588. Aus der Zunftstube "Zum Freyburger" in Straßburg. H. 41 – B. 31,5 cm. Die Freyburger oder Freibürgerzunft vereinigte die Wirte und freischaffenden Leute. Philip Mesinger war Mitglied dieser Zunft. Hessisches Landesmuseum Darmstadt, Inv. Nr. 318. Foto: Hessisches Landesmuseum.

Abbildung 59

"Conrat graf zv tübingen vnd liechteneck 1528". Wappenscheibe der Stadt Endingen / Kaiserstuhl. In der rechten unteren Ecke ein Sackpfeifer. Vielleicht aus der Freiburger sogenannten "Ropstein-Werkstatt" des Elsässer Glasmalers Hans Gitschmann, genannt "von Ropstein". Etwa 45 x 38 cm. Rathaus zu Endingen / Kaiserstuhl. Foto: Ingrid Kessler, Foto Mühlbauer, Endingen.

Wenn die sackpfeiff nicht voll ist / so kirret sie nicht.

Das ist eyn Deutsche Metaphora / und bezeugt / daß vor essens keyn tantz wirt / daß auf eynnem vollen bauche eyn frölich haupt steet / und freud komme auß wein unnd bier. Eyn sackpfeiff muß voll winde geblasen sein / soll sie kirren und schreyen / darumb ist etlichen leutten wie den sackpfeiffen / denn sie sind betrübt und ungemüt / wenn sie nicht voll seind / und wenn sie voll werden / so haben sie alles yhres leydeß vergessen / und schryen oben auß wie die sackpfeiffen.

Johannes Agricola, Sybenhundert und fünffzig Teütscher Sprichwörter / verneüwert und gebessert. Hagenau 1534, Nr. 701.

Abbildung 60

Wappenscheibe der Stadt Endingen, Detail: Sackpfeifer. Etwa Originalgröße. Foto: Ingrid Kessler, Foto Mühlbauer, Endingen.

Die himmlische Sackpfeife

In Straßburg kam einst ein Elsasser Bauerweib, das nie eine Orgel gehört hatte, daselbst in der größten Kirche an. Ihr Ohr und Herz wurde so getroffen, daß sie unwillkührlich ausrief: "O du himmlische Sack=Piffa, Gottes Brummer, nimm mich nach in dein Reich!"

Friedrich Liebgott Becher, Witzfunken und Lichtleiter..., Leipzig 1818, Bd. 2, S. 125.

Abbildung 61

Klosterkirche Auhausen / Ries: Unbekannter Künstler, Schwaben. Bemalte Renaissance-Holzdecke, 1542 datiert. Foto: Nach einer Postkarte von Foto Fischer, Oettingen.

Abbildung 62

Anthony Corthoys d.Ä. genannt Anthony Formschneider: Die Bärentreiberin. Um 1543. Einblattholzschnitt zu einem Gedicht von Hans Sachs. A. Formschneider war tätig in Augsburg, Frankfurt a.M. und Heidelberg. Gotha, Schloßmuseum Schloß Friedenstein. Foto: Schloßmuseum Gotha.

Abbildung 63

Sackpfeifer und tanzender Hund. Spielkarte Blatt 4, Kartenspiel, Wolfgang Rösch, Nürnberg um 1535. Holzschnitt, schablonenkoloriert. 9,5 x 6 cm. – Entworfen von dem Nördlinger Hans Leonhard Schäuffelin. Germanisches Nationalmuseum Nürnberg, Inv. Nr. Sp. 7092. Foto: Germanisches Nationalmuseum.

Abbildung 64

Narr mit Sackpfeife. Ausschnitt aus einem Bogen mit Augsburger Bildkarten des Typus B. Augsburg, 17. Jh. Kartengröße 8,1 x 4,5 cm. Germanisches Nationalmuseum Nürnberg, Inv. Nr. Sp. 262. Foto: Germanisches Nationalmuseum.

Auf diesen beiden Seiten sind drei verschiedene Sackpfeifen abgebildet. Sie geben einen guten Überblick über die Vielfalt der damals in Gebrauch gewesenen Arten dieses Instruments.

Die von dem Bären gespielte Sackpfeife ist ungewöhnlich aufwendig verarbeitet. Sie besitzt eine gekrümmte Spielpfeife, für die es weitere Bildbelege gibt, sowie Bordunpfeifen, die aus mehreren Stücken zusammengesetzt sind. Die Verbindungsmuffen sind verziert in der Art damaliger Kleidungsstücke, mit Durchbruchsmuster bzw. einem Noppenmuster, das auch an zeitgleichen Trinkgefäßen aus Glas zu finden ist.

Der Sackpfeifer auf der Spielkarte mit dem Hündchen spielt eine Art "Standard"-Modell, das auf Bildquellen recht häufig vorkommt. Hier besteht die kürzere Bordunpfeife aus einem Stück, ohne erkennbare Stimmvorrichtung. Die längere Bordunpfeife ist, wohl aus herstellungstechnischen Gründen, aus zwei Stücken gefertigt, die mittels einer Muffe miteinander verbunden sind.

Der Sackpfeifennarr auf dem Spielkartenbogen spielt ein weiteres "Standard"- Modell. Hier sind zwei Bordunpfeifen gleicher Länge vorhanden, vermutlich konischer Bohrung. Die Muffen sitzen hier zu weit oben, zu nahe bei den Schalltrichtern, als daß sie Stimmvorrichtungen sein könnten.

Abbildung 65

Leonhard Beck (Augsburg 1480 – 1542 daselbst): Einblattholzschnitt mit Illustrationen von Sprichwörtern (?) Um 1523. Maße: 22,4 x 29,5 cm. Die Sprüche auf den Bändern lauten:

*Welcher oxß den metzker will entrinnen
der muß auff sackpfeyffen machen künnen.*

*Welcher ber lang bey leben will bleyben
muß seltzen bossen mit danssen dreyben.*

*Welcher esell die paucken nit kann schlagen
der muß die säck zu der mielen dragen.*

Auf einem Nachdruck dieses Blattes aus dem 17. Jh. von Moritz Wellhöfer wird die hier dargestellte Sackpfeife als "groß Sackpfeiff" bezeichnet. Der Bär imitiert vielleicht einen Geschicklichkeitstanz, vergl. die Darstellung auf Abbildung 66. Gotha, Schloßmuseum Schloß Friedenstein. Foto: Schloßmuseum Gotha.

Abbildung 66

Geschicklichkeitstanz über Schwerter hinweg zum Spiel eines Sackpfeifers. Randszene eines bemalten Holztellers mit Darstellungen eines Bauernfestes. Unbekannter Monogrammist AAM?, AMA?, MAA?, AVA? bez. und datiert: 1547. Durchmesser des Tellers: 50 / 52 cm. Privatbesitz. Der Tanz scheint verbreitet gewesen zu sein, vergleiche den tanzenden Bären auf Leonhard Becks Holzschnitt - wenn nicht dieser das Vorbild abgegeben hat. Die zwei ungleich langen Bordunpfeifen der Sackpfeife sind schwer zu erkennen. Der Teller wurde 1816 in Ellwangen erworben und ist vielleicht fränkischer Herkunft. Rot-gelbe Kleidung tragen auch Sackpfeifer auf Coburger Schützenscheiben des Jahres 1609. Foto: Frau Wagner, Foto Hirsch, Nördlingen.

Abbildung 67

Gastmahl im Freien mit tanzenden Bauern. Miniatur im Stammbuch des Georg Rudolf Weckherlin (1584 – 1653), nach Vorlagen von J. Amman und H. Holbein. Blattmaße 14 x 9,5 cm. Stuttgart, Württembergische Landesbibliothek, Cod. Hist. 8° 218, Bl. 158 v. Foto: Württembergische Landesbibliothek.

Abbildung 68

Daniel Lindtmayer von Schaffhausen (1552 – 1606/7): Schütze, Bettlertanz, Zahnbrecher, Schäfer. Vier scheibenförmige Risse aus einer 48 Risse umfassenden Totentanzfolge, 1592 datiert. Die Sackpfeife ist hier ausschließlich einem niedrigen sozialen Milieu zugeordnet. Göttingen, Niedersächsische Staats- und Universitätsbibliothek, Sign. 2° Cod. Ms. Uff. 40 c. Foto: Niedersächsische Staats- und Universitätsbibliothek.

Abbildung 69

Spinnstube. Abdruck nach einem vermutlich süddeutschen Holzstock von ungefähr 1680/1700. Ehemals Germanisches Nationalmuseum Nürnberg. (Kriegsverlust). – Wiedergabe nach: Fuchs, Eduard, Illustrierte Sittengeschichte vom Mittelalter bis zur Gegenwart, 1. Band: Renaissance. München 1912.

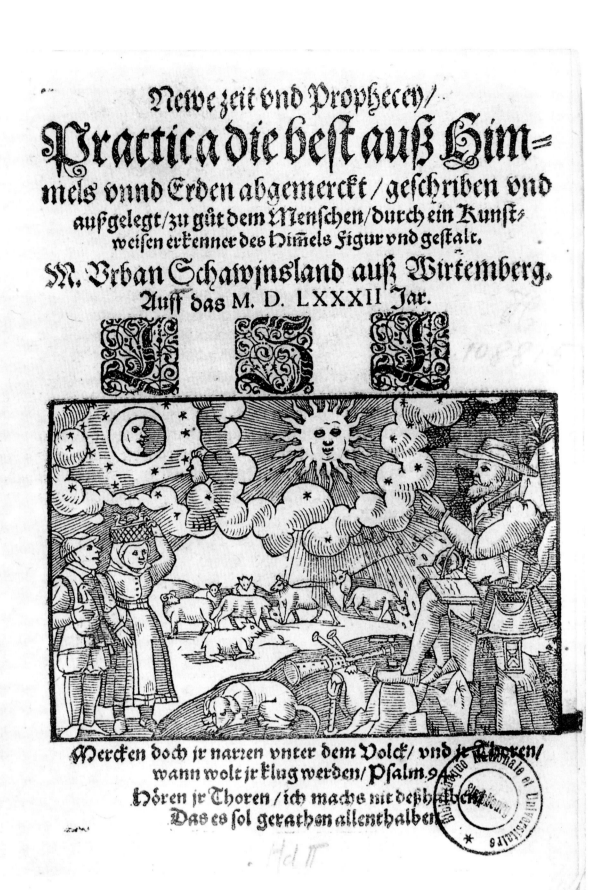

Abbildung 70

Anonymer Künstler, Titelholzschnitt zu: M. Urban Schawjnsland auß Wirtemberg: *Newe zeit vnd Prophecey...Getruckt zu Strasburg bey Niclaus Wyriot.* (1581). Am Ende seiner Schrift weist U. Schawjnsland ausdrücklich auf die drei Buchstaben L.Z.L. sowie die Figuren, Schafe und Pfeifen (Pommer und Sackpfeife) als sein Markenzeichen hin, die seine Arbeit von den Fälschungen unterscheide. – Foto: Collections de la Bibliothèque Nationale et Universitaire de Strasbourg.

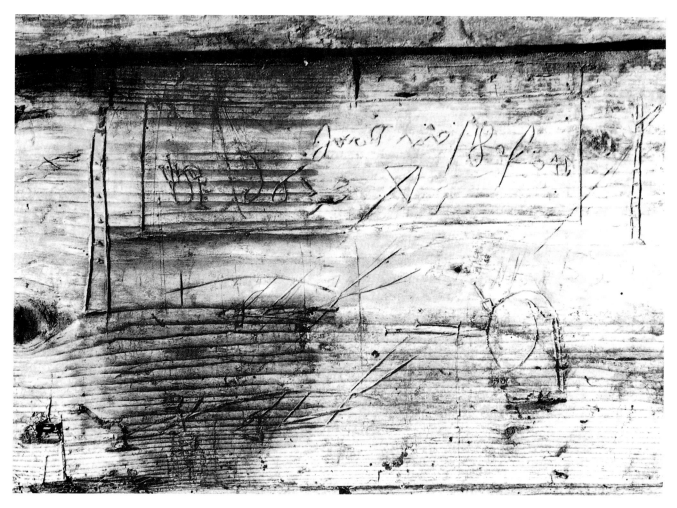

Abbildung 71

Ritzzeichnungen aus dem Jahr 1633 auf den Bohlen der Riebkammer im sogen. Luziferturm (Ihlinger Tor) in Horb a.N., 1984 bei Renovierungsarbeiten entdeckt. Die Kammer diente zeitweilig als Gefängnis auch für die, die der Hexerei bezichtigt waren. Die Zeichnung stammt vermutlich von einem Gefangenen namens Jakobus Schäfer, der vielleicht als Spielmann eine Strafe absitzen mußte. Zu sehen sind der Namenszug vermutlich des Gefangenen, die Jahreszahl 1633, zwei verschieden große Sackpfeifen, zwei Schalmeien (?). Foto: Karl-Heinz Kuball, Pressefotograf, Südwestpresse Horb.

Auszüge aus dem **"Protokoll über die gütliche und peinliche Befragung der Anna Exenbach, Witwe des Michel Exenbach und Pfründnerin im Horber Spital, angeklagt wegen Hexerei"** (Stadtarchiv Horb, A 317, 1 Schriftstück, 16. September 1598):

"Verschiner Jahren sey der böß Gaist Ihr buol, In ihrer behaußung Inn der Neggergaßen wid zu Ihr khommen sie haißen uff den Rexinger Wald zum Dantz khommen, selbig sie gethan, daselbsten ohngevahr ain Tisch voll geweßen einen Sakhpfeiffer zu einem Spilman gehabt, umb einen Haffen gedantzt..."

"Ungefahr vor fünff oder 6. Wochen sei Ihr buol bey dem Seelhauß zu ihr khommen und sy uff die Schittin (Berghang bei Horb) zum Dantz beschaiden, daselbsten uff zwey Tisch voll gewesen, gedantzt und einen Sakpfeiffer zu einem Spilman gehabt..."

"Ungefahr vor zwey Jahren seie der Koller nachts ungevahr umb Zwey Uhren für Ihr Khammer khommen, uffgewekht, und gesagt wöllen ein Dantz Inn der Spitellstuben halten, alß widerumb hinauff gangen, seinem gesellen ahngezeigt, wöllen nit ufstehen, Er mitt Ihm wider hinnab gangen, Ihr geruoffen und gesagt, wan sie nit uffstehe, wölle er sy wol uffbringen, darauff sy uffgestanden, und In der stuben uff das Lotterbett geseßen, die Anderen Ihre gespilen gezecht, und gedantzt, einen Sakpfeiffer zu einem Spilman gehabt Ihr buol sie gar übell geschlagen, das sie den andern nit beiwohnen wöllen."

Zitiert nach: Dillinger, Johannes, Hexenprozesse in Horb. Veröffentlichungen des Kultur- und Museumsvereins Horb a. N. e.V. Folge 11 Dezember 1994, S. 52 / 53.

Abbildung 72

Unbekannter, evtl. Schweizer Glasmaler: Wappenscheibe "Georg Wilhelm Rhem von Kötz Gräuischer Ottingischer Pfleger zu Allerhaim 1599" - Das G.G.G. könnte als "<u>G</u>ott <u>G</u>ib <u>G</u>nad" gedeutet werden. Georg Wilhelm Rehm war seit 1583 Gräflich Oettingischer Pfleger zu Alerheim. Das Datum 1599 könnte sich auf eine Verlobung beziehen: 1601 ehelichte er in zweiter Ehe Euphosina Schöttel. Der Bauerntanz im oberen Teil geht z. T. auf H.S. Beham zurück, aber auch auf einen offensichtlich verlorengegangenen Bauerntanzdruck. Vergl. hierzu den Holzschnitt Abbildung 73 – H. 31, Br. 20 cm. Nürnberg, Germanisches Nationalmuseum, Inv. Nr. Mm 301. Foto: Germanisches Nationalmuseum.

Abbildung 73

Musikanten aus: "Der Bauren=Tantz / sampt dem Kegel=Platz". Kolorierter Holzschnitt. Augsburg, Ende des 17. Jhdts., bei Christian Schmid. Oberösterreichisches Landesmuseum, Linz. Foto: B. Ecker.

"Mein Sackpfeiffen thut nit klingen wol /
wann sie nit jederzeit ist voll /
Also kan ich nicht lustig seyn /
wann ich nit hab zu trincken Wein /
Drumb wölt ihr, daß mein Pfeiff thue klingen /
So thuet mir auch zu trincken bringen."

"Ich hab gepfiffen manchen Reyen /
Mit meiner köstlichen Schallmeyen /
Die thut auch klingen desto baß /
Wann sie gefeuchtet ist und naß /
Drumb laßt sie nit lang trucken seyn /
Und bringt mir her ein Glaß mit Wein."

Abbildung 75

Tanzende Bauern. Miniatur aus dem um 1603 abgeschlossenen Wappenbuch des Johann Michael Weckherlin (1547 – 1610), fol. 386 v. Joh. Mich. Weckherlin war der Vater des bekannten Dichters Georg Rudolf Weckherlin. – Sowohl die beiden tanzenden Bauernpaare als auch die Musikanten sind nach Holzschnitten aus Jost Ammans Kunstbüchlein gestaltet – mit dem bemerkenswerten Unterschied, daß hier die Sackpfeife durch Hinzufügen der beiden Bordunpfeifen vervollständigt wurde, ein sicheres Indiz dafür, daß der Zeichner mit Sackpfeifen bestens vertraut war. Linz, Oberösterreichisches Landesmuseum, Inv. Nr. Ms. 10. Foto: B. Ecker.

Abbildung 76

Werkstatt des Jost Amman (1539 – 91): Tanzende Bauernpaare und zwei Pfeifer. Holzschnitte aus J. Amman: Kunst- und Lehrbüchlein. Frankfurt a.M. 1578. Wolfenbüttel, Herzog August Bibliothek: 27.4 Geom. (3).
Fotos: Herzog August Bibliothek.

Abbildung 74

Wappenscheibe des Ulmer Ratsherrn Hanns Schad. Ulm 1623. Dem Ulmer Glasmaler Rudolf Häbisch zugeschrieben. 34 x 22 cm. Das Tanzpaar und die Musikanten in der rechten oberen Ecke sind nach J. Amman gestaltet. Württembergisches Landesmuseum Stuttgart, Inv. Nr. 218. Foto: Württembergisches Landesmuseum Stuttgart.

Eygendlicher Abriß der Situation

vnd Demolirung zweyer Schantzen am Rhein / welche zwischen Hagenaw vnd Liechtenaw / nahe bey Straßburg gelegen / von dem Obristen Ossa / Anno 1630. gebawet / jetzo aber dem Vatterland vnd Teutschen Freyheit zum besten im Januario dieses 1632. Jahrs wider abgebrannt vnd geschleifft worden.

Vmb diese Schantzen
Thun wir jetzt Tantzen /
Vor warn wir gschlagen /
Deß wir vns klagen /
Nun ist vnsr Leyd
Verkehrt in Frewd /
Der Paß ist offen /
Der Feind verloffen /

Der war zu Drusen /
Ein Schlang im Busen /
Wolt andre trotzen /
Jetzt muß er kotzen
Was er gefressen /
Wird nicht vergessen /
Viel leut verderbet /
Sein Sach verkerbet /

Vnd ist sein Pracht
Nunmehr veracht /
Sein Gwalt ist blöd /
Das macht der Schwed /
Der jhn erschreckt /
Vnd vns erweckt:
Sein bleibt der Spott /
Das schafft vns GOTT.

Abbildung 78

Farbig bemalte Fayencekachel, Monat Februar ("Hornung"). Winterthur / Schweiz, 17. Jh. Wahrscheinlich gemalt von dem Winterthurer Hafner Pfau, um 1650. Vor dem 2. Weltkrieg im Berliner Kunsthandel. Foto nach: Keramische Zeitschrift 19. Jg. Nr. 12, Freiburg 1967, S. 780 ff.

Abbildung 77

"Umb diese Schantzen Thun wir jetzt tantzen..." Zum Spiel eines Sackpfeifers tanzt Landbevölkerung einen Rundreigen. Einblattdruck vom Jahre 1632. Das Blatt kommentiert die Schleifung der Schanzen bei Drusenheim und Lichtenau nördlich von Straßburg durch schwedische Truppen im Januar 1632. Das Frohlocken der hier vor Freude tanzenden Landbevölkerung war jedoch nur von kurzer Dauer, da Lichtenau bereits im April wiederum von den Kaiserlichen eingenommen und in Asche gelegt wurde. Stadtbibliothek Ulm, Einbl. 237. Foto: Stadtarchiv Ulm.

Abbildung 79

Anonymer Künstler: Brautgeleit am Kochersberg im Elsaß. Straßburg 1606. Aus: *Evidens designatio receptissimarum consuetudinum ornamenta...* etc. *Argentorati excudebat Joann Carolus 1606*. Geige und Sackpfeife. Die Sackpfeife hat ein extrem langes Mundblasrohr und erlaubt dem Spieler eine würdevoll aufrechte Spielhaltung. Die Sackpfeife kann nicht allzu laut geklungen haben, da sonst die Geige nicht mehr zu hören gewesen wäre. Foto: Collections de la Bibliothèque Nationale et Universitaire de Strasbourg.

Abbildung 80

Holzschnitt aus der Kosmographie des Sebastian Münster, Ausgabe Basel 1552, Buch III, S. 587, der Beschreibung des Schwarzwaldes beigegeben. Originalgröße etwa B. 5,8 x H 6,2 cm. Foto: H. Grünwald.

Abbildung 81

Sackpfeifer spielt Tafelnden auf. Holzschnitt. Titelillustration zu Jörg Wickrams Knabenspiegel, Straßburg 1554. Die Szene stellt dar, wie der junge Adlige Wilibaldus, der nach einem bewegten Leben schließlich in Preussen Viehhirte und Sackpfeifer geworden war, wieder heimgekehrt ist und unerkannt den Seinen von der Geschichte dieses jungen Adligen berichtet. Herzog August Bibliothek, Wolfenbüttel, Sign. 292.5 Quod. (2). Foto: Herzog August Bibliothek.

CLAVDII GALENI PERGAMENI DE COMPOSITIONE MEDICAMENTORVM KATA ΓΕΝΗ, LIBER PRIMVS.

Ioanne Guinterio Andernaco interprete.

SCRIPSIMVS & iam antea commentarium, cuius priores duo libri in publicum sanè prodierant: sed cū alijs in apotheca, quæ ad uiam sacrā est, relicti intercidêre: quando Pacis delubrum totum, & ingentes Palatij bibliothecæ incendio cōflagrabant. Tunc enim & aliorum compluriū, & mei libri qui illic erant sepositi, prorsus interierunt: idc̄ɞ cū amicorum nullus qui Romæ degebant, priorum duorū exemplaria habere se fateretur. Efflagitantibus itac̄ɞ familiaribus, ut idem opus denuo cuderem, operæprecium mihi uisum est prius editorum mentionē facere, ne si quis antea in illos inciderit, causam quæritet, cur bis de eisdem rebus tractauerim. Illius igitur operis primi libri exordium in eos maxime direximus, qui Sophistarum modo compositorum medicaminum pollicita, seu professionem, quantum licuit, eleuare, nōnullac̄ɞ simplicium calumnijs deprimere conabātur: dicterijs eos pariter incessentes, qui scriptum de illis reliquerūt: alia iecur, alia lienem, alia renes, uel uesicam, uel caput, uel pulmones iuuare. Vtrū enim (aiunt) præses quidā eis imperat, quemadmodū in Tragœdia:

Tu uise latas propere ripas Inachi,
Tu perge Thebas, modò quas Cadmus condidit.

Sic in his tu ad hepatis portas, tu ad uesicam, uel renes duos proficiscere? An quod in uentriculū ingestum est, iecur quidē excipit, inde uerò per uniuersas corporis parteis defertur? At hoc scomma eos qui huiusmodi cauillantur, tam esse medicamentorū facultatis imperitos arguit, ut à marino lepore pulmonem exulcerari solum ex omnibus corporis particulis penitus ignorent: uesicam solam à cantharidibus, ab alijs renum lapides conteri, ab alijs rursus pulmonis atc̄ɞ thoracis promptas fieri excreationes: quemadmodū ab alijs alia in una quadam particula singulariter perfici. Atqui uariè hūc sermonem

A

Abbildung 83

Anonymer Meister, Schweiz, 1541: Bauerntanz. Holzschnittleiste in: Caelius Apicius: *De re culinaria libri 10*. Basel 1541. Universitätsbibliothek Basel. – Dem Bauerntanz auf der Metallschnittleiste Holbeins von 1523 nachempfunden. Foto: Universitätsbibliothek.

Abbildung 84

Bauerntanz. Detail aus der Wappenscheibe des Philip Mesinger, Straßburg 1588, vergl. Abbildung 58. Vielleicht eine der schönsten Darstellungen dieser Art. – Der Sackpfeifer und der am Tisch schlafende Bauer sind – seitenverkehrt – einem Holzschnitt von Chr. Murer frei nachgestaltet, unter Auslassung eines Schalmeipfeifers. Foto: Hessisches Landesmuseum Darmstadt.

Abbildung 82

Hans Holbein d.J., Titeleinfassung mit Bauerntanz und Fuchsjagd. 1523. Metallschnitt. Buchillustration aus: *Paradoxum ad pratum*, von Andreas Alciatus, 1523 bei Cratander in Basel erschienen. Öffentliche Kunstsammlung Basel, Kupferstichkabinett. Foto: Öffentliche Kunstsammlung Basel, Martin Bühler.

Abbildung 85

"Unser Spilleutt zu Rotenstein 1634." Spielleute auf Burg Rodenstein. Rückseite eines Skizzenblattes. Kurzhalsgeige und Sackpfeife mit langem Mundblasrohr, das eine aufrechte Spielhaltung ermöglichte. Diese Sackpfeife dürfte nicht sehr laut geklungen haben. Aus dem Reisetagebuch des Valentin Wagner. Wien, Graphische Sammlung Albertina, Inv. Nr. D. Sch. Dd 27. Foto: Albertina.

Abbildung 86

Burg Rodenstein bei Fränkisch Krumbach im Odenwald, die als Stammburg des "Wilden Jägers" der Sage gilt. Hier verbrachte der Dresdner Maler Valentin Wagner im Jahre 1634 im Gefolge des Rittmeisters Caspar von Plato zu Gamsfeld einige Tage und zeichnete auch die beiden Spielleute. Aus dem Reisetagebuch des Valentin Wagner, Wien, Graphische Sammlung Albertina. Inv. Nr. D. Sch. Dd. 27. (Ausschnitt) Foto: Albertina.

Abbildung 87

Die Dorff = Spielleute

Der Bier-Krug thut das best
sonst möcht der Hencker pfeifen.
So kan ich wechselweiß nach Krug
und Pfeiffe greifen.

Ein LandMüntz kosts den Tag, so
blaß' ich mich fast blind:
Wo Gelt ist, bin ich frisch, und nichts
dann lauter Wind.

Kupferstich (Fehldruck) aus dem Verlag Joseph Friedrich Leopold, Augsburg um 1700. Nürnberg, Germanisches Nationalmuseum, Inv. Nr. HB 23797.¹, Kapsel 1238. Foto: Germanisches Nationalmuseum.

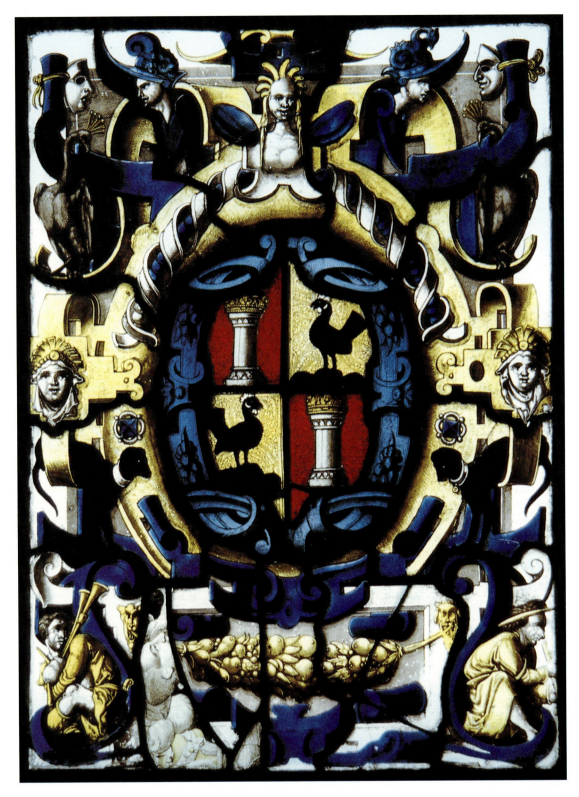

Abbildung 88

Anonymer Glasmaler, Basel oder Schaffhausen (?) um 1570 / 80: Wappenscheibe der Apollonia von Henneberg. 46 x 34 cm. Fürstlich Fürstenbergisches Schloß Heiligenberg / Bodensee. Foto: Georg Goerlipp, Donaueschingen.

Abbildung 89

Musikanten aus: "Ein Schwäbischer Bauerntanz". Kolorierter Holzschnitt. Augsburg, Ende des 17. Jhdts., bei Christian Schmid. Oberösterreichisches Landesmuseum, Linz. Foto: Franz Gangl.

"Zu pfeiffen ist zwar gut den Bauren /
Sie lassen sich kein Trinckgeld dauren /
Drumb sie ein Kandten her thun setzen/
Die Sackpfeiffen mit einzunetzen/
Die vil desto lieblicher thut klingen /
Daß sie lustiger mögen springen."

"Dann so die Bauren jetzund voll /
zum theil sie werden rasend / toll /
Rumorisch / wöllen pochen / schlagen /
und keinr dem andern nichts vertragen /
Will ich doch frölich mit meinr Schallmeyen /
Ihnen pfeiffen zum Tantzen am Reyen."

Ich kan, Heydin, fein artlich greiffen,
Ein Todtenlied auf der Sackpfeiffen,
Dem must nachtantzen wie dein Mann
Ruffest du schon all Götter an.

Juno, Venus und auch Pallas,
Euch Göttin laßt erbarmen, daß
Ich sterben muß, helfft mir aus Noht.
Kein Segen hilffet für den Tod.

Abbildung 90

Emanuel Büchel: Tod und Heidin. Aquarellkopie nach der Wandmalerei der Prediger-Kirche. Blatt 44 in: Der Todtentanz auf dem Prediger-Kirchhof zu Basel...1773. Öffentliche Kunstsammlung Basel, Kupferstichkabinett, Inv. Nr. 1886.9, Skb A. 102, fol. 44. Foto: Öffentliche Kunstsammlung Basel, Martin Bühler.

Abbildung 91

Leitershofen / Augsburg. Stich mit der Ansicht und tanzendem Bauernvolk im Vordergrund. Aus dem Kunstverlag des Augsburger Verlegers Jeremias Wolff (1663 – 1724). Musikanten und Tanzende sind Bildzitate aus älteren Stichen. – Augsburg, Städtische Kunstsammlungen, Graphische Sammlung. Foto: Städtische Kunstsammlungen.

Abbildung 92

Passionskrippe, Detail: Wirtshausszene. Gouache auf Papier. Barthle (Bartholomäus) Neu, Rottenburg 1850. Diözesan-Museum Rottenburg a. N. Foto: Jürg Gaebele, Rottenburg.

Abbildung 93

Unbekannter Künstler: "Fest der Herren von Königsegg-Rothenfels." Detailausschnitt: Schwäbischer Bauerntanz zu den Klängen von Sackpfeife und Schalmei. Gesamtmaße des Gemäldes: 150 x 80 cm. – Dieses interessante Gemälde, im Stil niederländisch beeinflußt, befindet sich in erkennbar beklagenswertem Zustand und ist dringend restaurierungsbedürftig. Heimatmuseum Weiler-Simmerberg (Allgäu). Foto: F. J. Mock, Biberach a. d. Riß.

Abbildung 94

Putto mit Sackpfeife. Detail der 1701 neu gestalteten Stuckdecke im Rittersaal von Schloß Achberg bei Ravensburg. Wessobrunner Schule. Das Mundblasrohr ist abgebrochen. Unrealistische, idealisierte Darstellung. An der Decke drei weitere Sackpfeifenputti, deren Instrumente ebenso idealisiert sind und jedes vom anderen abweicht. Foto: Wolfram Benz, Eglofs.

Abbildung 95

Sackpfeife spielender Putto, um 1583. Arbeit des Memminger Bildschnitzers Thomas Heidelberger in der Prälatur des ehemaligen Klosters Ochsenhausen. Die beiden Bordunpfeifen sind abgebrochen; ein Rest des Schalltrichters der einen ist noch sichtbar. Foto: Franz Josef Mock, Biberach. Mit freundlicher Genehmigung des staatlichen Liegenschaftsamtes Ulm.

Abbildung 96

Johann Baptist Zimmermann: Musizierende Putti. 1730 – 31 entstandenes Fresko an der Orgelempore der von Dominikus Zimmermann 1728 – 33 erbauten Wallfahrtskapelle Steinhausen bei Bad Schussenried. Foto: Franz Josef Mock, Biberach.

Abbildung 97

Füssli, Johann Melchior, *En soleo resonare refertus*. ("denn angefüllt klinge ich") Sackpfeifer vor Weinbergen und üppiger Ackerlandschaft mit arbeitenden Bauern. Kupferstich, Radierung. Blatt XLI im Neujahrsblatt der Musikgesellschaft Zürich für das Jahr 1725. – Der dazugehörige Text deutet die Sackpfeife im geistlichen Sinne um. Dies könnte eine Erklärung für die drei Bordunpfeifen sein, die für die Schweiz doch recht ungewöhnlich wären. Öffentliche Kunstsammlung Basel, Kupferstichkabinett, Inv. Nr. 1923.210.1 p. 321. Foto: Öffentliche Kunstsammlung Basel, Martin Bühler.
Text: Auszug aus den von der Zentralbibliothek Zürich, Graphische Sammlung, freundlichst zugesandten Kopien.

Zu nebenstehendem Kupferstich findet sich in dem Neujahrsblatt auf S. 323 ein Gedicht in lateinischer Sprache, gefolgt von einer vereinfachten Nachdichtung in deutsch:

Der Hirt verbringt die Zeit mit seinem Hirten=Schlauch:
Den er mit Blast erfüllt: den Lufft truckt in die Pfeiffen.
Die Röhren geben Stimm: so bald die Finger greiffen /
So komt ein Hirten=Lied auß diesem vollen Bauch.

Der Sack ist wol erfüllt / Gott blast in unser Land /
Er füllt mit Speis und Freud: Er weidet unser'n Stand /
Der Arm der Hirten truckt / daß man Lob=Lieder bringe,
Ach! daß auß Gottes Füll' ein volles Lob erklinge!

*

Und im darauffolgenden Lied "Je mehr der Gaaben sind." heißt es auf Seite 326 in den Strophen 2 und 3:

Die Sack= und Hirten=Pfeiff ist ohne Thon und Leben /
wann nicht der spielend Hirt
Den vollen Lufft einführt:
Wenn er den Wind nicht truckt / kan keine Stimm sich geben:
Aus seinem vollen Sack entspringt
Was er auf seiner Pfeiffen singt;
So muß der Himmels=Blast die Seel zuerst anfüllen /
Eh denn ein Lobgesang erthönt nach Gottes Willen

Wie hat nicht Gottes Wind die Zeiten ausgestopfet /
In dem mit Korn das Feld /
Mit Wein das Räbgehäld /
Die Bäum' an Obs und Frucht die Kamm'ren ausgepropfet.
Ein reicher Lufft blies' in die Zeit /
Er treibt auf uns'ren Sack noch heut.
So soll des Guten nicht das volle Land vergessen /
Und nach dem vollen Maß ein volles Lob ermessen.

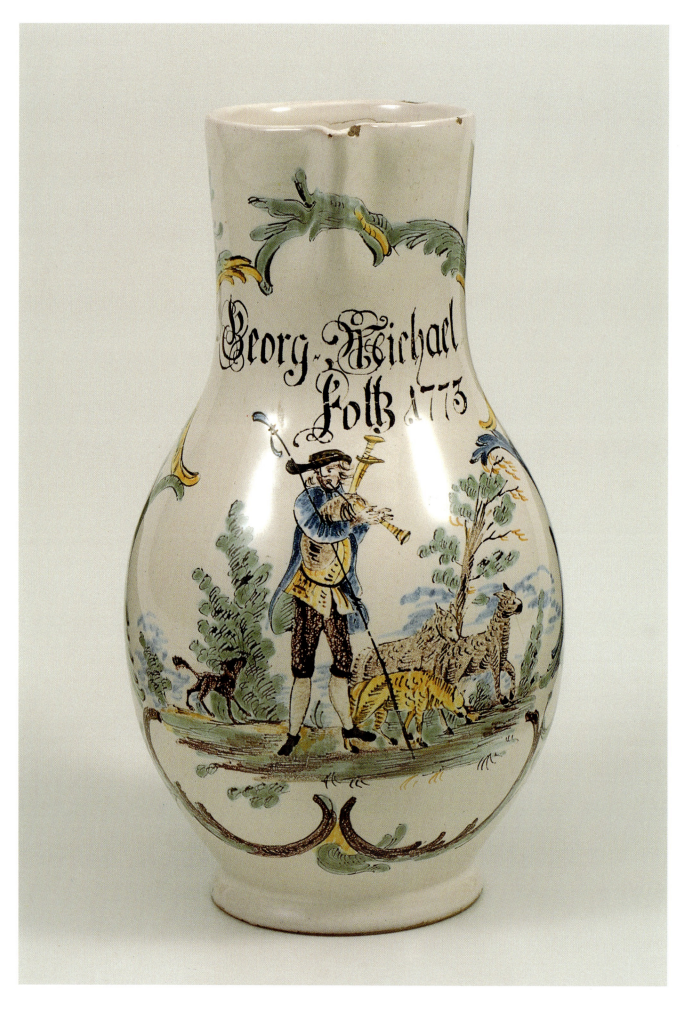

Abbildung 99

"Mein Verlangen kompt gegangen". Schäferszene, frei nach einem Stich von Jacopo Amigoni gestaltet, mit Schwarzwaldlandschaft im Hintergrund. Innenseite des Deckels einer Schachtel mit Strohmosaik, 14,6 x 10,9 cm, ca. 1780 – 90. Franziskanermuseum Villingen-Schwenningen, Sammlung Oskar Spiegelhalder, Inv. Nr. 6896. Foto: Foto Maier, Furtwangen.

Abbildung 100

Eintrag in das Kirchenbuch der Gemeinde Buchenberg im Schwarzwald. (Trau- und Sterbebuch 1738 – 1808): Ableben des Dudelsackpfeifers Jacob Hilß. – Ev. Oberkirchenrat, Landeskirchliches Archiv, Karlsruhe. Foto: Landeskirchliches Archiv.

Abbildung 98

Durlacher Birnkrug mit Darstellung eines Schäfers und der Aufschrift: Georg Michael Foltz 1773. Privatbesitz. Motiv vielleicht nach einem Stich aus G. Harsdörffer, Frauenzimmer-Gesprächsspiele, Nürnberg 1644. Zu G.M. Foltz konnte nichts ermittelt werden. Foto: Badisches Landesmuseum Karlsruhe.

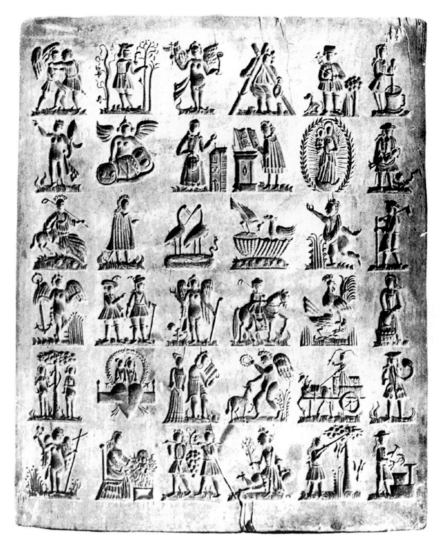

Abbildung 101

Lebkuchenmodel mit "Devisen" (Glückwunsch- und Geschenkbildern). Wohl aus Schwaben, 19. Jh. Ehemals Stuttgart, Württembergisches Landesmuseum. (Kriegsverlust). Foto: Repro aus: Hans Karlinger, Deutsche Volkskunst. Berlin 1938.

Detail der oberen Reihe.

Abbildung 102

Wandernder alter italienischer Sackpfeifer mit Zampogna, aufgenommen etwa um 1900 in Horb a. N. Nach einem Abzug von einer Glasplatte aus der Sammlung des verstorbenen Horber Lichtbildners und Buchbinders Viktor Steinwand. Das Gebäude hinter dem Pfeifer steht heute noch und dient den durchkommenden Bahnbediensteten als Übernachtungsheim. – Der Pfeifer ist möglicherweise identisch mit demjenigen auf dem Foto aus Schöntal, vergl. Abb. 23. Foto: Freundliche Leihgabe von Herrn Norbert Geßler, Empfingen-Dommelsberg.

Folgenden Personen verdanke ich die Kenntnis der hier aufgelisteten Abbildungen:

G. Balling, Bernhardswald: 21; Herr Ebert, Stadtarchiv Vellberg: 6; R. Ege, Herrenberg: 24, 48, 96; T. Ehlers, Betzweiler-Wälde: 10, 71; N. Geßler, Empfingen-Dommelsberg: 102; J. Giesler, Bonn: 38; H. Grünwald, Garching: 80; R. und U. Henning, Ludwigsburg: 2, 4, 5, 18, 31, 35, 39, 40, 45, 67, 75, 78, 90; F. Heuss, Bildarchiv Öffentliche Kunstsammlungen Basel: 97; A. Hirschbach, Schwäbisch Hall: 53; L. Junghänel, Neumarkt / Opf.: 27, 30; R. Klemenz, Sigmaringen: 22, 93; Ch. König, Niedernhall: 23; H. Moßmann, Schuttertal: 37, 59, 77, 95, 100; N. und M. Pabst, Wollbach: 91; F. Schneider, Krefeld: 14, 19, 32, 36, 41, 43, 50, 54, 55, 58, 79, 84, 87, 94, 99; H. Steger, Wallerstein: 61; M. Stingel, Balingen-Dürrwangen: 57, 92.

Viele dieser Abbildungen sind mir schon vor vielen Jahren zur Kenntnis gebracht worden, im Rahmen des üblichen Austausches unter Sammlern und nicht erst eigens für dieses Buch. Dennoch möchte ich durch die Nennung hier den Beteiligten Dank sagen.

Frau Dr. Stratmann-Döhler vom Badischen Landesmuseum Karlsruhe möchte ich für ihre Mühen bei der Beschaffung des Fotos zu Abb. 98 besonders danken. Ein herzliches Dankeschön auch an Katja Faßbender, München.

Literatur zu den Abbildungen.

Es handelt sich hier um eine Auswahl, die keinen Anspruch auf Vollständigkeit erhebt.

Abbildung beim Vorwort
Lit.: Die Renaissance im deutschem Südwesten zwischen Reformation und Dreißigjährigem Krieg. Katalog zur Ausstellung des Landes Baden-Württemberg, veranstaltet vom Badischen Landesmuseum Karlsruhe, 1986, Bd. 2, S. 868/869.

Abbildung 1
Lit.: Rothenfelder, Ludwig. Das Stammbuch des Anton Weihenmayer, Bürgermeisters von Lauingen. In: Anzeiger des Germanischen Nationalmuseums, Jg. 1928/29, Nürnberg 1929.

Abbildung 2
Lit.: Tripps, Manfred, Hans Multscher. Seine Ulmer Schaffenszeit 1427 – 1467, Weißenhorn 1969; Grosshans Rainald, "Hans Multscher hat das Werk gemacht". Die Flügel des "Wurzacher Altars" und ihre Restaurierung. Gemäldegalerie Berlin, Museums Journal Juli 1996, S. 78 – 80.

Abbildung 3
Lit.: Stange, Alfred, Deutsche Malerei der Gotik, Bd. 8: Schwaben. München / Berlin 1957.

Abbildung 4
Lit.: Bardua, Heinz: "Gott und die Wappen". Symbole göttlicher und weltlicher Herrschaft im Chor der ev. Martinskirche in Stuttgart-Plieningen. In: Schwäbische Heimat, Jg. 17, Stuttgart 1966.

Abbildung 5
Lit.: Ulrich Riechental, Das Konzil zu Konstanz. Faksimileausgabe: O. Feger (Hg.) Starnberg/Konstanz 1964.

Abbildung 6
Lit.: A. Essenwein, Katalog der im Germ. Museum befindlichen Glasgemälde aus älterer Zeit. 2. Auflage, Nürnberg 1898.

Abbildung 9
Lit.: Reutlinger Geschichtsblätter 19, (1908), S. 82 ff. Umfassend zu Christoph Maurer. Die Stockholmer Zeichnung ist dem Verfasser nicht bekannt.

Abbildung 13
Lit.: Irmscher, Günter, Christoph Jamnitzers Entwurfszeichnungen und Radierungen für B. Küchlers "Repraesentatio der Fürstlichen Auffzug und Ritterspil..." (1611), in: Jahrbuch der Staatlichen Kunstsammlungen in Baden-Württemberg, 22. Bd., München / Berlin 1985. Frdl. Hinweis Dr. Stefan Heinlein.

Abbildung 15
Lit.: Hulsen, Esaias van,/Matthäus Merian, *Repraesentatio der Fvrstlichen Avfzvg vnd Ritterspil*. Die Kupferstichfolge von 1616. (Stuttgarter Hoffeste. Texte und Materialien zur höfischen Repräsentation im frühen 17. Jahrhundert. Hrsg. von Ludwig Krapf und Christian Wagenknecht, Tübingen 1979).

Abbildung 16
Wie Abb. 15.

Abbildung 17
Vergl. Anm. 75.

Abbildung 19
Lit.: Johann Christoph Weigel, Musicalisches Theatrum. Nürnberg um 1720. Faksimileausgabe Kassel 1962, hrsg. von A. Berner. (Documenta Musicologia I, 22.)

Abbildung 20
Lit.: E. A. St., Gaunerzeichen, in: Schweizerisches Archiv für Volkskunde, 3. Jg., Zürich 1899, S. 151.

Abbildung 21
Lit.: Barockes Welttheater. Ein Buch von Menschen, Tieren, Blumen, Gewächsen und allerlei Einfällen. Geschrieben und gemalt von M. Daniel Pfisterer, Pfarrer zu Köngen, begonnen im Jahre 1716. Faksimile-Ausgabe, hrsg. vom Württ. Landesmuseum und dem Geschichts- und Kulturverein Köngen, 2 Bde., Stuttgart 1996.

Abbildung 24
Lit.: Bechstein, Hans Dieter, Die Kilianskirche zu Heilbronn. Heilbronn 1965. Veröffentlichung der Freunde der Kilianskirche Heilbronn.

Abbildung 25
Lit.: Vintler, Hans: Die Pluemen der Tugent (Druck 1486), hg. v. Ignaz Zingerle (= Ältere Tirolische Dichter, Bd. 1), Innsbruck 1874.

Abbildung 27
Lit.: Jöst, Erhard, Bauernfeindlichkeit. Die Historien des Ritters Neithart Fuchs. Göppingen 1976.

Abbildung 29
Lit.: Janson, H.W.: Apes and ape lore in the Middle Ages and the Renaissance. London 1952, S. 216 – 225.

Abbildung 30
Lit.: Völker, Paul-Gerhard (Hrsg.), Vom Antichrist. Eine mittelhochdeutsche Bearbeitung des Passauer Anonymus. München 1970. (Kleine deutsche Prosadenkmäler des Mittelalters. Heft 6.)

Abbildung 31
Lit.: Sir John Mandevilles Reisebeschreibung in deutscher Übersetzung von Michel Velser. Nach der Stuttgarter Papierhandschrift Cod. HB V 86 hrsg. v. Eric John Morral, Berlin 1974. (=Deutsche Texte des Mittelalters, Band LXVI). Vergleiche dort S. 158.

Abbildung 33
Lit.: Des Teufels Netz. Satirisch – didaktisches Gedicht aus der 1. Hälfte des 15. Jh. Hrsg. von K.A. Barack. Stutt-

gart 1863 (Bibliothek des Literarischen Vereins Bd 70) – Neudruck um 1920.

Abbildung 34
Lit.: Heribert Hummel, Wandmalereien im Kreis Göppingen. Weißenhorn 1978. (Veröffentlichungen des Kreisarchives Göppingen Bd. 6).

Abbildung 36
Lit.: W.L. Schreiber, Handbuch der Holz- und Metallschnitte des XV. Jh., Bd. IV, Leipzig 1927, Nr. 1985 n. – Hagelstange, Alfred, Ein Verwandlungsbild des 15. Jh., In: Mitt. des Germ. Nat. Mus., 1898, S. 125 – 131.

Abbildung 37
Lit.: Mezger, Werner, Das Gewölbe im Südschiff des Rottweiler Münsters. Veröffentlichungen des Stadtarchivs Rottweil Bd. 7, Rottweil 1982.

Abbildung 40
Lit.: Sir John Mandevilles Reisebeschreibung in deutscher Übersetzung von Michel Velser. Nach der Stuttgarter Papierhandschrift Cod. HB V 86 hrsg. v. Eric John Morral, Berlin 1974. (=Deutsche Texte des Mittelalters, Band LXVI). Vergleiche dort S. 49, Z. 7f.

Abbildung 43
Lit.: Herbert von Hintzenstern: Der Mömpelgarder und Gothaer Altar / Gerhard Faix: Heinrich Füllmaurer – Maler zu Herrenberg, in: Blätter für Württembergische Kirchengeschichte, 87. Jg. 1987, S. 141 ff.

Abbildung 45
Lit.: Flad, Max, Hirten und Herden. Ein Beitrag zur Geschichte der Tierhaltung in Oberschwaben. Bad Buchau 1987. Hinterumschlag.

Abbildung 46
Lit.: Jezler, Peter, Katalogtext zum Gemälde; Katalog: Museum zu Allerheiligen Schaffhausen. Kunstabteilung. Gemälde und Skulpturen. Schaffhausen 1989, S. 30. Frdl. Hinweis Frau Dr. T. Grütter, Schaffhausen.

Abbildung 48
Lit.: Fraenger, Wilhelm, Jörg Ratgeb. Ein Maler und Märtyrer aus dem Bauernkrieg. Hrsg. v. Gustel Fraenger u. Ingeborg Baier-Fraenger. Dresden 1972.

Abbildung 53
Lit.: Leonhard Kern (1588 – 1662). Meisterwerke der Bildhauerei für die Kunstkammern Europas. Hrsg. von Harald Siebenmorgen. Sigmaringen 1988. (=Kataloge des Häll.-Fränk. Mus. Schwäb. Hall, Bd. 2, hrsg. v. Harald Siebenmorgen), S. 208 Farbtafel 14, und S. 233, Kat. Nr. 114.

Abbildung 55
Lit.: Bühler, Wolfgang, Zur Überlinger Wappenscheibe. (4 Bl.) O.O. (Überlingen) u. Jahr. – Barbara U. Giesicke, Leuchtende Zeitdokumente. Kabinettscheiben im Bodenseeraum. In: Leben am See. Jahrbuch des Bodenseekreises, hrsg. vom Bodenseekreis und der Stadt Friedrichshafen, Bd. X 1992/93. Den letztgenannten Aufsatz ermittelte M. Stingel.

Abbildung 57
Lit.: Steinhauser, August, Rottweiler Künstler und Kunstwerke des 15. Und 16. Jahrhunderts. Rottweil 1939. Frdl. Hinweis D. W. Hecht, Stadtarchiv Rottweil.

Abbildung 58
Lit.: Glasmalerei um 800 – 1900 im Hessischen Landesmuseum Darmstadt. Bearb. von Suzanne Beeh-Lustenberger. Bildteil Frankfurt a. M. 1967, Abb. 211, Textteil Darmstadt 1973, S. 245.

Abbildung 59
Literatur: Kurrus, Karl, Die Wappenscheiben im Endinger Rathaus. In: Schauinsland. 87. Jahresheft des Breisgau-Geschichtsvereins, Freiburg im Breisgau 1969. Frdl. Hinweis H. Moßmann.

Abbildung 63
Lit.: Detlef Hoffmann, Altdeutsche Spielkarten 1500 – 1650. Katalog der Holzschnittkarten mit deutschen Farben aus dem Deutschen Spielkartenmuseum Leinfelden-Echterdingen und dem Germanischen Nationalmuseum Nürnberg (Ausstellungskatalog). Nürnberg 1993, S. 182.

Abbildung 64
Lit.: Hoffmann, op. cit. S. 118 / 119.

Abbildung 66
Lit.: Ausstellungskatalog: Bauern in Bayern. Von der Römerzeit bis zur Gegenwart. Straubing 1992 (Hrsg.: Haus der Deutschen Geschichte, München), S. 118 – 120.

Abbildung 68
Lit.: Thöne, Friedrich, Daniel Lindtmayer 1552 – 1606/7. Die Schaffhauser Künstlerfamilie Lindtmayer. Zürich / München 1975, S. 207, Abb. S. 413, 416.

Abbildung 69
Lit.: Katalog der im germanischen Museum vorhandenen zum Abdrucke bestimmten geschnittenen Holzstöcke vom XV. – XVIII. Jahrhunderte. Erster Teil. XV. und XVI. Jahrhundert. Nürnberg.

Abbildung 72
Lit.: (A. Essenwein), Katalog der im Germ. Museum befindlichen Glasgemälde aus älterer Zeit. 2. Aufl., Nürnberg 1898.

Abbildung 74
Lit.: Die Renaissance im deutschen Südwesten zwischen Reformation und Dreißigjährigem Krieg. Katalog zur Ausstellung des Landes Baden-Württemberg, veranstaltet vom Badischen Landesmuseum Karlsruhe, 1986, Bd. 1, S. 296.

Abbildung 75
Lit.: Lebenswelten – Alltagsbilder. Ausstellungskatalog. Schloßmuseum Linz, Oberösterreich. Ausstellung Mai – Sept. 1993, S. 23 ff und S. 127 ff.

Abbildung 77
Lit.: Deutsche Illustrierte Flugblätter des 16. Und 17. Jh. Hrsg. von Wolfgang Harms. Bd. IV, Tübingen 1987, S. 240 / 241.

Abbildung 81
Lit.: Georg Wickram. Sämtliche Werke, hrsg. von Hans-Gert Roloff. Bd. 3. Knabenspiegel. Berlin 1968.

Abbildung 82
Lit.: Ausstellungskatalog "Die Malerfamilie Holbein in Basel", Basel 1960.

Abbildung 83
Lit.: Landolt, Elisabeth: Der Holbeinbrunnen. (Basler Kostbarkeiten 5). Historisches Museum Basel, Basel 1984. Herausgeber: Baumann & Cie., Banquiers.

Abbildung 85
Lit.: Wackerfuß, Winfried, Rodenstein – Lichtenberg Darmstadt. Ansichten und Skizzen Valentin Wagners aus der Zeit des 30jährigen Krieges. In: Beiträge zur Erforschung des Odenwaldes und seiner Randlandschaften. Bd. II, Breuberg-Neustadt 1977. Festschrift für Hans H. Weber.

Abbildung 86
Lit.: Wackerfuß, Winfried, op. cit.

Abbildung 88
Lit.: Die Renaissance im deutschen Südwesten zwischen Reformation und Dreißigjährigem Krieg. Katalog zur Ausstellung des Landes Baden-Württemberg, veranstaltet vom Badischen Landesmuseum Karlsruhe, 1986, Bd. 1, S. 286/287.

Abbildung 93
Lit.: Weitnauer, Alfred, Tracht und Gewand im Schwabenland. 1957. – W. Benz, Der Dudelsack im Oberland, in: "Im Oberland" Kultur, Geschichte, Natur. Beiträge aus Oberschwaben und dem Allgäu. Hrsg. Landkreis Ravensburg. 4. Jg. Heft I/1993, S. 51 ff.

Abbildung 94
Lit.: Georg Dehio, Handbuch der deutschen Kunstdenkmäler, neu bearb. v. Ernst Gall. Westliches Schwaben. München/Berlin 1956, S. 144. – W. Benz, wie zu Abb. 93.

Abbildung 95
Lit.: W. Benz, wie zu Abb. 93.

Abbildung 96
Lit.: Bischof, Georg/Schnell, Hugo: Wallfahrtskirche Steinhausen. 15. Auflage, München – Zürich 1979.

Abbildung 98
Lit.: Hauger, Otto: Durlacher Fayencen, Braun Verlag 1951; Ausst. Katalog "Durlacher Fayencen 1723 – 1847", Juni – September 1975, Badisches Landesmuseum Karlsruhe, S. 283.

Abbildung 99
Lit.: Das Strohflechten auf dem Schwarzwald. Geschichts- und Heimatverein Furtwangen, Mitteilungen Nr. 2, Januar 1979. Frdl. Hinweis Frau Dr. A. Auer, Villingen-Schwenningen.

Die Anschrift des Autors:

Ernst Eugen Schmidt
Rathenauplatz 4
50674 Köln

Nachweis der Sackpfeife im Hohenloher Land

Fritz Schneider

Um die Geschichte der Sackpfeife zu erforschen, kann die Wissenschaft zwar auf sehr verschiedenartige Quellen zurückgreifen, doch sind diese Quellen nicht reichlich vorhanden. Originalinstrumente aus geschichtlicher Zeit sind in Sammlungen und Museen äußerst selten. Der meist aus Leder oder ungegerbter Haut gefertigte Sack verdirbt, wenn er feucht gelagert wird, aber ebenso, wenn er vertrocknet. Und ist der Sack erst einmal zerstört, wer bewahrt dann die Pfeifen auf?
Viele Musikinstrumente waren Liebhaberstücke an Adelshöfen und in Bürgerhäusern, sorgfältig hergestellt aus kostbarem Material. Sie dienten nicht nur dem Musizieren, sondern auch dem Prunk des Besitzers. Die Sackpfeife hingegen war mit Ausnahme der Musette am französischen Hofe im 17./18. Jahrhundert und später der schottischen Highland Pipe immer das Gebrauchsinstrument des kleinen Mannes, oft aus billigem Material selber hergestellt. Sammelobjekt wurde die Sackpfeife erst, als Interesse an der Volkskunde erwachte.
Beschreibungen des Instruments, seines Gebrauchs und seiner Musik sind ebenfalls spärlich. So wertvoll zum Beispiel die Abbildungen und Beschreibungen von M. PRAETORIUS 1619 sind, lassen sie doch allzuviele Fragen offen. Schriftliche Quellen aus Archiven, wie die Privilegien von Stadtpfeifern oder Polizei- und Gerichtsakten über die laute, störende Musik der Sackpfeife sind zwar sehr interessant, doch auch sie beleuchten nur eine bestimmte Seite dieses Instruments.
Eine sehr wichtige Quelle stellen die Erzeugnisse der bildenden Kunst dar. Seit dem Mittelalter haben Maler, Zeichner, Bildhauer und andere Künstler die Sackpfeife in unterschiedlichen Techniken abgebildet. Diese Werke sind heute für die Geschichtsforschung wichtige Zeugnisse. Sie geben Auskunft über die Konstruktion, das Zusammenspiel mit anderen Instrumenten, über das soziale Umfeld und deren Wandel im Laufe der Zeit. So ist der Gedanke entstanden, solche Zeugnisse zu sammeln. Seit vierzig Jahren hat der Verfasser Abbildungen von Sackpfeifen zusammengetragen: Fotos von Kunstwerken aus Museen, Kirchen und Schlössern, Kopien aus Büchern über Kunst und Geschichte, in kleiner Anzahl auch Originale. Dabei wurden auch kleine und unscheinbare Darstellungen nicht verschmäht, denn der wissenschaftliche Wert ist durchaus nicht an die Schönheit oder den künstlerischen Wert gebunden. Die Sammlung umfaßt heute mehr als 9000 Nachweise, wodurch eine gute Übersicht über die geschichtliche Entwicklung der Sackpfeife ermöglicht wird.

Künstler haben die Sackpfeife jedoch häufig falsch abgebildet. Fingerlöcher befinden sich an den Bordunpfeifen, Spielpfeifen haben mehr Löcher als der Spieler Finger besitzt, Anblasrohr oder Blasebalg fehlt. Manchmal hängt der Sack an einer Pfeife, wobei die Funktion nicht vorstellbar ist. Bei solch einer falschen Darstellung ist anzunehmen, daß der Künstler das Instrument nicht gut kannte oder es sogar nie gesehen hat. Die große Zahl der Nachweise in der Sammlung ermöglicht es, solche "Ausreißer" zu erkennen und Fehlschlüsse zu vermeiden.
Aber gerade die große Zahl von Zeugnissen hat auch eine andere Schwäche der bildlichen Quellen aufgedeckt. In alter Zeit war nicht der Künstler wichtig, sondern das Werk, das daher selten signiert wurde. Es gab kein Copyright, und Künstler wie Kunsthandwerker übernahmen Ideen und kopierten ohne Bedenken. Werke großer Meister als Vorlagen für eigene Arbeiten zu nehmen, war allgemein üblich. Man drückte dadurch auch seine Bewunderung für diese Meister aus. So findet sich in der Sammlung manche Darstellung mehrfach, aus verschiedenen Zeiten und Gegenden. Zum Beispiel ist der berühmte, von Albrecht Dürer 1514 geschaffene Kupferstich eines Sackpfeifers, der an einem Baum lehnt, zehnmal in der Sammlung vorhanden: neben dem ursprünglichen Stich zwei weitere Stiche von fremder Hand, als Intarsie auf einem Gewehrschaft und an einem Kabinettschrank, als Buchmalerei, Gemälde, Holzschnitzerei und auf einem Wandteppich. Dabei wurde nicht einmal die Haltung des Mannes oder die Länge der Pfeifen verändert. Bei einigen dieser Werke wurde der Sackpfeifer nur in eine völlig andere Umgebung gestellt. Ebenso wurden andere Kunstwerke immer wieder kopiert oder für die Verzierung kunsthandwerklicher Erzeugnisse verwendet, ohne auf den ursprünglichen Künstler hinzuweisen. Diese Praxis hat eine für den Historiker unerwünschte Wirkung. Kunstwerke verlieren ihren Wert als Belege für eine bestimmte Zeit oder einen bestimmten Ort. Hinzu kommt, daß Künstler reisten und daß Kunstwerke weit gehandelt wurden. Umso mehr Wert hat ein Nachweis, der einen festen Bezug zu einem Ort oder einem Ereignis hat.

Das Hohenlohe-Museum im Schloß Neuenstein besitzt das Gemälde eines anonymen Meisters, das den Titel "Volksvergnügen bei Kloster Gnadenthal i. J. 1597" trägt. Auf dem jetzt gerade 400 Jahre alten Gemälde sehen wir einen Dorfplatz, auf dem zahlreiche Paare tanzen. Am Rande stehen Zuschauer, links wird an einem

Tisch vor dem Wirtshaus gegessen und getrunken. In der Mitte sitzen auf einer Bank unter dem Baum zwei Musikanten, die den Tänzern mit Schalmei und Sackpfeife aufspielen. Die Sackpfeife hat die damals im westlichen Mitteleuropa verbreitete Form: mundgeblasen, eine konische Spielpfeife, zwei über die Schulter des Spielers ragende Bordunpfeifen. Das Zusammenspiel mit der Schalmei war zu der Zeit üblich, wie heute noch in verschiedenen Ländern, zum Beispiel traditionell in der Bretagne und vor allem auch in Italien.

Anonymer Meister, Ende 16. Jhdt.: Volksvergnügen bei Kloster Gnadenthal i. J. 1597. Öl auf Leinwand, 1,42 x 0,85 m. Hohenlohe-Museum, Schloß Neuenstein.

Was den besonderen Wert für die Geschichte der Sackpfeife ausmacht, ist die Tatsache, daß hier ein ländliches Volksvergnügen vor einer bekannten Örtlichkeit dargestellt wurde: im Hintergrund ist das ehemalige Zisterzienserinnenkloster Gnadental (bei Schwäbisch Hall) abgebildet, dessen Kirche schon vierzig Jahre vorher evangelisch geworden war. Daß der Künstler für die Tanzpaare, die Musikanten und vielleicht auch für die übrigen Personen Kupferstiche und Holzschnitte der Nürnberger Hans Sebald und Barthel Beham aus den 1530er Jahren als Vorlagen benutzte, ist offenkundig, jedoch von untergeordneter Bedeutung, denn die Kleidung, die Musikinstrumente, die Gebäude und weitere Einzelheiten sind mit großer Liebe zum Detail der Zeit und der Region angepaßt worden. Selbst das in vielen moralisierenden Traktaten damaliger Zeit angeprangerte "unzüchtige" Tanzen, das "Aufwerfen" und Umherwirbeln der Tänzerinnen, das sie oft unschicklich entblößte, hat der Maler – abweichend von den Vorlagen – dargestellt. Durch die Darstellung des Festes vor dem ehemaligen Kloster Gnadental ist das Gemälde nicht nur eine der vielen, seinerzeit so beliebten Kirmes- und Bauerntanzdarstellungen, sondern eine für Hohenlohe hochrangige volkskundliche Bildquelle. Vor allem ist es ein Zeugnis dafür, daß die Sackpfeife gerade an diesem Ort im Hohenloher Land gespielt worden ist.

Den Bezug zu einem Ort oder zu einer Landschaft haben oft nicht die berühmten Werke großer Künstler, sondern wenig bekannte Darstellungen, die keinen Platz in kunstgeschichtlichen Büchern bekommen haben. Sie befinden sich oft im Besitz von Privatpersonen oder sind in Heimatmuseen zu finden. Diese Kunstwerke aufzuspüren und für die geschichtliche Forschung durch ikonografische Bearbeitung zu nutzen, ist wichtiger, als es auf den ersten Blick erscheint.

Für die Erlaubnis, das beschriebene Gemälde abzubilden, danke ich dem Fürsten zu Hohenlohe-Oehringen.

Anschrift des Autors: Dr. Fritz Schneider, Wedelstr. 15, 47807 Krefeld.

Wer beim Sackpfeifer wohnt, der hat gut tanzen.

Altes Sprichwort.

Deutsches Sprichwörter-Lexikon. Ein Hausschatz für das deutsche Volk. Herausgegeben von Karl Friedrich Wilhelm Wander. Dritter Band. Leipzig 1873, Sp. 1825.

Schäfer und Sackpfeifen

Manfred Stingel

Zu Schwaben und vor allem zur Schwäbischen Alb gehören Schafe und Schäfer. Die landschaftstypischen Wachholderheiden der Albhochfläche sind durch die Schafbeweidung entstanden. Zum Schäfer gehörte früher wiederum die Schäferpfeife, wie es uns auf vielerlei Weise überliefert ist.

In der Rede des Uracher Vogtes an die Schäfer anläßlich des 1. Uracher Schäfertages 1723 heißt es:

"Sie sollen ihre eigene Musik haben, daß wenn einer ein vollkommener Schäfer sein will, er notwendig auf der Schalmeien oder Sackpfeifen soll spielen können, dann die Altväter davon gehalten, daß diejenigen Schaff, welchen ihr Hirt öfters auf der Schalmeien oder Pfeifen aufgespielet, viel fetter und schöner werden als die andern, die dergleichen geschickte Schäfer nicht haben." [1]

Von Alters her haben die Schäfer am 24. August, dem Bartholomäenstag in Markgröningen eine Schäferzusammenkunft. 1443 wird dieses Fest erstmalig schriftlich erwähnt[2]. Der "Markgröninger Schäferlauf" ist eines der großen historischen Feste in Schwaben. Die Schäfermusik mit Sackpfeife bzw. Dudelsack spielte und spielt eine besondere Rolle beim Markgröninger Schäferlauf. 1662 beklagt sich ein Kirchenrat Zeller vom evangelischen Konsistorium beim Herzog über das Ärgernis, daß sich beim Hammellauf

"die Schäffer vor allem Volk bis aufs Hembd ausziehen, das Hembd hernach zwischen den Beinen hindurch ziehen und oben umb die Hüft zusammenknüpfen, die Mägdlein aber in ihrem Lauf sich auch sehr hoch aufschürzen." Hernach begeben sie sich in die Wirtshäuser *"mit Sackpfeiffen und Schalmeien, saufen sich toll und voll, schreyen, dantzen und springen und schlagen manchmal einander schrecklich, wie dann 1622 einer dabey gar todt geblieben".*[3]

1842 feierte König Wilhelm I. sein 25jähriges Amtsjubiläum. Aus diesem Anlaß veranstalteten die Württemberger einen prunkvollen Festzug. Alle Städte des Landes schickten Abordnungen nach Stuttgart. Die Gebrüder Heideloff malten den großen Festzug. So entstand das Bild der damaligen Markgröninger Abordnung mit Sackpfeife und Schalmeien. Leider ist die Sackpfeife nicht richtig dargestellt worden. (Abbildung: Städtisches Museum Ludwigsburg)

1862 erschien dieser kolorierte Holzschnitt vom Markgröninger Schäferlauf im "Buch der Welt" Geige, Schalmei und Sackpfeife Foto: Stadtarchiv Markgröningen.

Vom Markgröninger Schäferlauf gibt es viele Abbildungen. Auch die Schäfermusik, die sogenannten Ladenpfeifer, ist öfters mit Sackpfeifen abgebildet.

Im Jahre 1871 erschien in der Zeitschrift "Über Land und Meer" ein illustrierter Artikel über den Markgröninger Schäferlauf. Die Abbildung (Detail) zeigt den Schäfertanz. Die abgebildete Sackpfeife hat 3 Bordune und eine große Melodiepfeife.
Foto: Stadtarchiv Ludwigsburg.

Die Schäfermusik im Jahr 1900. In der Mitte der Dudelsackspieler Fischer. Links davon mit Geige Albert Gössle und mit der Klarinette Hans Horer.
Aus dem Buch: Der Markgröninger Schäferlauf von Erich Tomschick.
Foto: Stadtarchiv Ludwigsburg

Die Schäfermusik auf einer Bildpostkarte des Postkartenverlages Metz im Jahr 1910.

Das Foto zeigt einen sehr wuchtigen Dudelsack mit 3 Bordunen und einer sehr großen Melodiepfeife.

Bildnachweis:
Haus der Geschichte Baden-Württemberg Sammlung Metz.

Markgröningen ist ohne Zweifel die bedeutendste Schäferstadt in Württemberg.

1723 verlieh der Württembergische Herzog Eberhard den Städten Heidenheim, Urach und Wildberg ebenfalls das Recht, einen Schäferlauf und einen Schäfermarkt abzuhalten. Damit wurde neben der "Hauptlade" in Markgröningen drei "Nebenladen" eingerichtet. Laden bzw. Nebenladen waren Zunftgerichte der Schäfer. An die Laden mußten Steuern entrichtet werden. Auch wurden berufliche Dinge der Schäfer, wie Meisterprüfung, Lossprechung der Gesellen, Nachwuchsfragen und auch Streitfälle verhandelt. Es gibt deshalb seit 1723 in Württemberg vier große Schäferläufe beziehungsweise Schäferfeste, die auch heute noch gefeiert werden.

David Christian Seybold schildert 1778 den Markgröninger Schäferlauf sehr anschaulich. So tönen, wie Seybold schreibt,

"jedem neuen Ankömmling von allen Seiten die Dudelsäcke der Schäfer entgegen, die zwar sehr einfach sind, und vielleicht manchem Ohre, das durch Konzerte und Symphonien verwöhnt ist, wehe thun, demjenigen aber, der sich in die alte Schäferwelt, d.i. in die rohe Zeiten der Musik zurück sezt, sehr angenehm sind, weil sie seine Täuschung vermehren. Er glaubt in ein Arkadisches Städtchen einzutreten..." [4]

Ludwig Hermann Röder erwähnt in seinem Lexikon von Schwaben 1800: *"Eine die Ohren beleidigende Musik... und derjenige, der feinere Gehörnerven hat, kann in vielen Tagen diese Musik nicht wieder aus seinem Ohr herausbringen"*.[5]

Abbé Mozin schreibt 1807 in einen Brief unter anderem: Das Fest beginnt mit einer Predigt. *Dazu kommen die Schäfer und Schäferinnen unter dem Spiel des Tambour, der Dudelsäcke und der Schalmeien.*[6]

Der Pfarrer Ludwig Heyd beschreibt 1829 rückblickend wie der Schäferlauf etwa 50 Jahre früher ablief: *Allmählich kommen auch die Schäfer und Schäferinnen und steigen in der alten Schaferherberge, dem 'Gasthaus zur Krone' ab. An allen Orten tönt Tanzmusik, unter die sich die eigentümliche Melodie des Schäfermarsches mischt, den die bestellten Musikanten der Schäferlade, die sogenannten Ladenpfeifer, vor den Häusern der Stadthonoratioren auf Schalmei, Querpfeife und Dudelsack blasen. Dieser Marsch ist uralt und dem Ohr eines jeden Gröningers bekannt.*[7]

Die Markgröninger Schäfermusik, auch Ladenpfeifer genannt, auf einer Postkarte der Firma Metz im Jahr 1910, mit Querpfeife, Geigen, Klarinette und einem großen Dudelsack.
Bild: Haus der Geschichte Baden-Württemberg, Sammlung Metz

Die alte Schäferherberge Krone auf einem Glasfenster das der Glasmaler E. Gaisser 1956 fertigte.
Foto: Prof. Dr. Lenk, Quelle: Hermann Klotz

Schottische und Egerländer Dudelsäcke beim Markgröninger Schäferlauf am 23.08. 1958, die in Ermangelung eigener schwäbischer Instrumente eingesetzt wurden.
Foto: Landesbildstelle Württemberg

Nicht weit von Urach in der Peterskirche in Weilheim / Teck ist ein Hirte mit Sackpfeife abgebildet. Das Bild stammt von Thomas Schick d. J. 1523. Nach einem Holzschnitt von Albrecht Dürer gestaltet. Quelle: Ulrich Marstaller, Die Peterskirche in Weilheim. 1985. Foto: M. Stingel.

Urach

Auch aus Urach sind uns einige Sackpfeifennachweise erhalten geblieben: Die Rede des Uracher Vogtes, anläßlich des 1. Uracher Schäferlaufes, über Sackpfeifenspielende Schäfer wurde bereits Eingangs zitiert: (Sie sollen ihre eigene Musik haben…)

Bei der Beschreibung des ersten Schäferlaufes 1724 zählt der Uracher Vogt *"6 Pfeiffer von den Schäfern auf"*[8]. Aus Urach sind auch einige Musikstücke bekannt, die ziemlich eindeutig Sackpfeifenmelodien sind.

Der Stadtmusikus Karl Scherzler, der von 1881 – 1893 in Urach wirkte, hat den vermutlich schon seit 1724 von Sackpfeifern gespielten Schäferlaufmarsch *"für militärische Harmoniebesetzung"* (also für Blechmusik) eingerichtet.[9]

Der Uracher Fotograf Robert Holder hat in seiner Sammlung dieses Bild von 1912 hinterlassen. Rechts sieht man einen "Oberschäfer" (Oberschäfer tragen einen weißen Kirchenrock während des Schäferlaufes) mit einer Sackpfeife.
Bild: Haus der Geschichte Baden-Württemberg.
Sammlung: Robert Holder.

Bild vom Schäferlauffestzug 1930 in Urach: Die Schäfermusik mit schottischem Dudelsack.
Bild: Haus der Geschichte Baden-Württemberg.
Sammlung: Robert Holder.

Heidenheim

Es gab früher viele Schäfer in und um Heidenheim. Eine alte Sackpfeifen-Abbildung aus Heidenheim ließ sich leider nicht finden. Ein Augen- und Ohrenzeuge aus der Heidenheimer Gegend ist von dem Dudelsackbauer, Sammler und Spieler Helmut Moßmann, 1993/94 gefunden worden, als er in Bad Wimpfen Dudelsack spielte.

Spontan kam Herrn Stefan Scheible, der heute in Bad Friedrichshall lebt, aber aus Hörvelsingen bei Langenau/Heidenheim stammt, auf ihn zu und erzählte, daß er als kleiner Junge (wohl 1926) einen Schäfer beobachtet hätte, der mit seiner Herde durch Hörvelsingen zog und dabei Sackpfeife spielte. Der Schäfer war auf dem Weg zur Winterweide. Es hätte ihn als Bub damals sehr beeindruckt.

Bild rechts: Die Schäfermusik in Heidenheim im Jahr 1972 mit schottischem Dudelsack. *(Abbildung Stadtarchiv Heidenheim).*

Wildberg

Der Keller (Rentamtmann) Aßum aus Wildberg schreibt am 4. August 1723 an seinen Herzog und berichtet über den durchgeführten Schäferlauf in Wildberg. Er beschreibt den Ablauf des vom Herzog befohlenen Schäferlaufes in genauer Reihenfolge. Vom Kirchgang bis zur Aufstellung des Festzuges mit Ausmarsch ins Feld, also zu dem Platz, wo die jungen Schäfer einen Wettlauf um einen Hammel und die jungen Schäferinnen um ein buntes Tuch durchführten. Reihenfolge des Festzuges beim Ausmarsch ins Feld:

1. Ich mit dem Stadtschreiber und Schäfereiverwalter geritten
2. Der Zahlmeister
3. Ein Bürger mit der Hallbarten gegangen, auf diesen
4. Drei Musketier gefolgt,
5. Der Tambour
6. Wieder drei Musketier,
7. Vier Pfeiffer,
8. Wurde der Hammel gekrönt geführt,
9. Ginge ein Schäfer mit dem besonders gemachten Hirtenstabe, woran ein seiden Tüchlein, darum die Schäfertöchter zu springen,
10. folgten die zwei Obermeister
11. der fliegenden Fahnen und dann
12. die sämtlichen Schäfer, vier in einem Glied, ihre Stecken wie Flenten auf den Achseln tragend.

"Nach vollendetem Lauf ginge alles in solcher Ordnung wieder in den Schloßhof zum Tanz zurück, wobei aber sodann vor den Fahnen, der Schäfer so den Hammel gewonnen und das Mentsch (Schäferin) so das Tüchlein gewonnen, einander an der Hand, der Kerle einen grünen Kranz, das Mentsch einen Schapo (Krone) aufhabend, einführen mußten".[10]

Das Jüngste Gericht. Aus der Gerichtslaube des Ulmer Rathauses, Öl auf Lindenholz, entstanden zwischen 1550 und 1562. Georg Rieder der Ältere. Städtisches Museum Ulm, Leihgabe des Württembergischen Landesmuseums Stuttgart.

Bei der Suche nach Sackpfeifenabbildungen von Schäfern im Raum Heidenheim - Ulm fand ich dieses Bild, das Jüngste Gericht, das der Maler Georg Rieder d. Ä. in Ulm dargestellt hat. Im Höllenschlund verschwinden die Sünder zu den Klängen der Sackpfeife. Ein eindrucksvolles Beispiel, daß Sackpfeifen als Instrumente der Sünde galten.

Die Anschrift des Autors: Manfred Stingel
Theophil-Wurm-Straße 21, 72336 Balingen

Quellenangaben:
1. Th. Hornberger, Der Schäfer. Stuttgart 1955 Seite 184
2. Tomschick, Erich. Der Markgröninger Schäferlauf, 1971 Seite 8
3. Tomschick, Erich. Der Markgröninger Schäferlauf, 1971 Seite 13
4. Tomschick, Erich. Der Markgröninger Schäferlauf 1971 Seite 18
5. Tomschick, Erich. Der Markgröninger Schäferlauf, 1971 Seite 18
6. Tomschick, Erich. Der Markgröninger Schäferlauf, 1971 Seite 106
7. Tomschick, Erich. Der Markgröninger Schäferlauf, 1971 Seite 18
8. Th. Hornberger, Der Schäfer. Stuttgart 1955 Seite 108
9. Walter Röhm, Archivar Urach, Die Musik zum Uracher Schäferlauf 1997
10. Schmid, Dr. Schäferlauf Wildberg Festschrift Juli 1964 Seite 6

Sackpfeifen im Schwäbischen Albverein

von Georg Balling

"Sackpfeifen im Schwäbischen Albverein" - für manche engagierten Musikanten und TänzerInnen der schwäbischen Volksmusik- und Trachtenpflege ein eher provokanter Titel!
Nach der Lektüre der übrigen Beiträge dieser Veröffentlichung dürfte jedoch auch der Skeptiker zu überzeugen sein, daß ein Pflegeansatz für die Sackpfeife in Schwaben durchaus zu rechtfertigen ist.

Die letzten Hinweise auf das Spiel dieses hierzulande schon fast vergessenen Musikinstrumentes finden wir in der Tradition der schwäbischen Schäferlauffeste. Die ehemals heimischen Sackpfeifen sind jedoch längst durch schottische Instrumente verdrängt – eine Entwicklung, für die es Parallelen gibt etwa in der Bretagne oder in Pakistan.

Die Beschäftigung mit Nachbauten historischer Sackpfeifen ist für den süddeutschen Raum verstärkt seit den 70er Jahren dieses Jahrhunderts zu beobachten. Bereits 1976 wurde Tibor Ehlers aus Betzweiler-Wälde mit gleichgesinnten Freunden beim Heidenheimer Schäferlauf von der Lokalpresse mit Interesse registriert.

Durch den Bau seiner "Schwäbisch-Alemannischen Sackpfeife" lieferte er grundlegende Denkanstöße zur Revitalisierung und schuf die ersten Sackpfeifen für die gegenwärtige Wiederbelebung in Baden-Württemberg.

Die Weiterentwicklung seiner handwerklichen Arbeit durch seinen Meisterschüler Helmut Moßmann aus Schuttertal führte zur Serienreife hochwertiger Instrumente für einen expandierenden Interessentenkreis.

Durch rege Vereinstätigkeit der Volkstanzgruppe Frommern im Schwäbischen Albverein ist mit geschickten Förderprojekten unter der sachkundigen Leitung von Manfred Stingel in den letzten Jahren die Zahl der schwäbischen Sackpfeifenspieler und interessierten Musikanten stark gewachsen. Das Spiel auf der Sackpfeife ist im Schwäbischen Albverein heute Bestandteil der Volksmusikpflege und bereits auf Tonträgern (*Schwäbische Dänz*, Volkstanzmusik Frommern) dokumentiert. Vorreiter im Sackpfeifenspiel, wie z.B. Jörg Neubert, sind inzwischen zu Multiplikatoren geworden.

Tibor Ehlers mit seiner Schwäbisch-Alemannischen Sackpfeife[1]

Zwei Sackpfeifentypen aus der Werkstatt des Instrumentenbauers *Helmut Moßmann* werden im Wesentlichen heute im Schwäbischen Albverein gepflegt:

Die ein- oder zweibordunige Sackpfeife (Schäferpfeife)

Das Instrument ist vorwiegend in der Tonalität G verbreitet. Die Spielpfeife besitzt eine konische Bohrung mit Doppelrohrblatt. Zwei Varianten legen den Grundton entweder auf das sechste vorderständige Griffloch (6-Loch-Griffweise) oder auf das siebente vorderständige Griffloch (7-Loch-Griffweise). Daraus resultieren zwei unterschiedliche Tonreihen:

Schäferpfeife (Helmut Moßmann)[2]

Mit Gabelgriffen werden chromatische Zusatztöne erreicht. Die Spielpfeife der Sackpfeife wird auch ohne Luftsack und Bordune als Schalmei gespielt. Überblasen ist je nach Beschaffenheit des Rohrblattes bis zu drei Ganztönen möglich.

Die Bordune fixieren in der Grundstimmung den Ton G. Durch Umstecken der Rohrteile oder Manipulation an den Aufschlagzungen lässt sich der Ton C als neues Tonalitätszentrum definieren, so dass sich wahlweise eine authentische Dur-Skala in G oder eine plagale Dur-Skala in C als Grundreihe ergibt:

Der Großteil der schwäbischen Volksliedmelodien ist aus diesen beiden Skalen gebaut und lässt sich daher (unter Ignoranz möglicher Harmoniestufen) mit der Sackpfeife oder Schalmei spielen.

Neben der Schäferpfeife in G ist das Instrument mit 7 Loch-Griffweise auch in der Tonalität F in Gebrauch. Analog ergibt sich grundlegend in der Einsatzmöglichkeit eine authentische F-Dur-Skala oder eine plagale B-Dur-Skala:

Durch Umstimmvorrichtungen an den Bordunen bzw. Manipulation an den Aufschlagzungen lassen sich die Bordune auf weitere Stufen verlegen, so daß modale Skalen spielbar werden, wie sie z.B. für Musik des Mittelalters oder der Renaissance wichtig sind. Für die gegenwärtige schwäbische Volksmusikpflege haben diese modalen Skalen keine Bedeutung, sie bleiben daher an dieser Stelle unberücksichtigt.

Der Böhmische Bock

Der Böhmische Bock ist vorwiegend in der Tonalität F verbreitet. Die zylindrische Spielpfeife besitzt eine Aufschlagzunge als Tonerzeuger. Wegen der Sensibilität des Rohrblattes gegenüber Schwankungen der Luftfeuchtigkeit wird der Bock im Gegensatz zur Schäferpfeife heute fast ausschließlich mit Blasebalg gespielt. Die geschlossene Spielweise ermöglicht das für dieses Instrument typische Staccatospiel. Auf der Spielpfeife wird dadurch primär ein rhythmisierter Quintbordun erzeugt. Die Tonreihe ergibt eine plagale Dur-Skala in F.

Böhmischer Bock (Helmut Moßmann)[3]

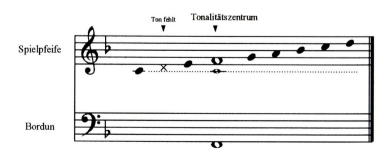

Instrumente in der Tonalität G erzeugen analog eine plagale G-Dur-Skala:

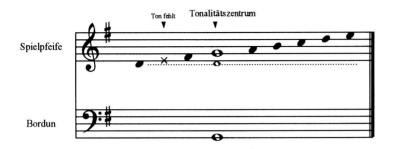

Für beide Sackpfeifentypen lassen sich Verbindungen zu historischen Belegen aus Schwaben herstellen, wie in dem Beitrag *"Sackpfeifen in Schwaben" von Ernst E. Schmidt* dargelegt.

Spielliteratur aus schwäbischen Notenquellen für die hier vorgestellten Sackpfeifen solo oder gesetzt für verschiedene Ensembleformen mit Sackpfeifen wird, mit ausführlichen Grifftabellen, in dem Heft:
"Die Sackpfyf schön Macht siss gethön – 43 Volkstänze und Schäferlieder aus Schwaben für Sackpfeifen und andere Melodieinstrumente" (Hrsg.: Schwäbisches Kulturarchiv) vorgestellt.

Fotos: Nr.1:   Privatsammlung Tibor Ehlers
      Nr. 2, 3: Archiv Herbert Grünwald

Anschrift des Autors:

Georg Balling
Hochweg 8
93170 Bernhardswald